治理视域下社区共同体的复归：

佛山样本

梁绮惠　张家玉　著

·广州·

版权所有　翻印必究

图书在版编目（CIP）数据

治理视域下社区共同体的复归：佛山样本/梁绮惠，张家玉著. —广州：中山大学出版社，2019.12
ISBN 978-7-306-06768-5

Ⅰ. ①治… Ⅱ. ①梁… ②张… Ⅲ. ①社区管理—研究—佛山 Ⅳ. ①D676.53

中国版本图书馆 CIP 数据核字（2019）第 259221 号

出 版 人：王天琪
策划编辑：嵇春霞
责任编辑：王　睿
封面设计：刘　犇
责任校对：李先萍
责任技编：何雅涛
出版发行：中山大学出版社
电　　话：编辑部 020-84111996，84113349，84111997，84110779
　　　　　发行部 020-84111998，84111981，84111160
地　　址：广州市新港西路 135 号
邮　　编：510275　传　真：020-84036565
网　　址：http://www.zsup.com.cn　E-mail：zdcbs@mail.sysu.edu.cn
印 刷 者：虎彩印艺股份有限公司
规　　格：787mm×1092mm　1/16　12.25 印张　200 千字
版次印次：2019 年 12 月第 1 版　2019 年 12 月第 1 次印刷
定　　价：39.00 元

如发现本书因印装质量影响阅读，请与出版社发行部联系调换本书是广东省社会科学规划基金项目"治理视角下社区福利服务资源的整合研究"（项目编号：GD15XZZ01）、广东省教育厅项目"社区治理与社区公共空间生产"（项目编号：2016WTSCX118）、佛山科学技术学院创新与经济转型升级研究中心的成果。由佛山科学技术学院高水平大学建设经费资助，特此感谢！

目　　录

第一章　绪论 ……………………………………………………… 1
　第一节　研究背景 ……………………………………………… 1
　第二节　研究目的与意义 ……………………………………… 4
　第三节　全书结构 ……………………………………………… 6

第二章　治理视域下的社区福利服务：理论框架 ……………… 9
　第一节　概念辨析 ……………………………………………… 9
　第二节　理论基础 ……………………………………………… 17
　第三节　理论评述 ……………………………………………… 22
　第四节　理论框架 ……………………………………………… 23

第三章　社区福利服务的发展沿革：中美样本的对比分析 …… 25
　第一节　社区福利服务的美国经验 …………………………… 25
　第二节　社区福利服务的中国化路径 ………………………… 28
　第三节　社区福利服务的中西方对比 ………………………… 33
　第四节　小结 …………………………………………………… 39

第四章　构建社区共同体的自治体系：基层治理的佛山样本
　……………………………………………………………… 41
　第一节　佛山市"村改居"社区治理的探索研究 …………… 42
　第二节　佛山市南海区"文明村"创建长效机制研究
　……………………………………………………………… 55
　第三节　佛山市南海区大沥镇网格化治理研究 ……………… 84

第五章 探索社区服务的多元参与机制：公共服务提供的佛山样本 …… 115

第一节 佛山市异地务工人员基本公共服务均等化研究 …… 116
第二节 佛山市南海区狮山镇社区参与及发展研究 …… 141

第六章 社区福利服务实践的困境与原因探析 …… 158

第一节 社区福利服务实践中的困境 …… 158
第二节 社区福利服务困境的原因探析 …… 163

第七章 社区福利服务整合的实现路径：基于佛山市样本的分析 …… 168

第一节 社区福利服务整合的理念：兼顾公平与效率 …… 168
第二节 社区福利服务整合的前提：明确多元主体责任 …… 169
第三节 社区福利服务整合的关键：利益相关者协同参与 …… 171
第四节 社区福利服务整合的平台：依托社区构建资源配置系统 …… 174
第五节 小结 …… 175

第八章 总结与讨论 …… 176

第一节 全书总结 …… 176
第二节 延伸讨论 …… 179

参考文献 …… 183

第一章
绪　论

第一节　研究背景

一、社区共同体发展具有现实必要性

美国经济学家斯蒂格利茨（Joseph Eugene Stiglitz）曾将城市化列为新世纪对中国的三大挑战之首。"村改居"作为中国独特的城市化过程，事关社区共同体的发展。一方面，城市区划面积得以拓展，聚集了可观的土地资源，加快了城市化的步伐。另一方面，由于缺乏国家统一的政策指导、政府政策执行缺乏力度，使"村改居"面临着诸多制约因素和难题，失地农民的贫困、就业、社会保障等问题层出不穷，成为当前城市化进程中矛盾突出的问题。如何解决"村改居"面临的问题并推进我国的城市化进程，构建有序发展的社区共同体，实现以社区为单位满足居民的需要，成为我国社会治理工作的重点。然而，因为户籍制度的限制，外来务工人员的流入在输入地构成了"二元社区"，从分配制度、职业、聚居方式、消费和娱乐方式、社会心理上都形成了本地人与外地人的差异（周大鸣，2000），新市民群体与本地居民群体之间在基本公共服务与社区福利服务享有的差异，形成了对社区共同体发展的挑战之一。

实际上，我国政府部门在近年来也高度重视社区共同体的发展，社区共同体的发展主要体现为对社区服务业的发展。例如，1993年，民政部等14个部委在《关于加快发展社区服务业的意见》中指出，"社区服务业是由社区福利服务业、便民利民服务业和职工社会保险管理服务业组成

的,是社会保障体系和社会化服务体系中的一个重要行业","各级财政部门可将社区服务中心视为社会福利事业单位,并根据本地区的财政状况,在其开办期间给予适当补助","要按照政事分开的原则,以产业化、社会化为方向","要抓紧制定与产业政策相配套的各项法规,促进社区服务业走上法制化、产业化的道路"。

二、社区共同体发展面临的难题

我国对于社区的发展出台了一系列政策。国务院印发的《社区体系建设规划(2011—2015年)》中就明确规定把城乡社区建设成为管理有序、服务完善、文明祥和的社会生活共同体。而政府参与社区共同体的发展实际上具有多元必要性。

从历史传统看,两千多年的封建社会形成了一个极其稳定和紧密的社会机构,机构里逐渐形成了不对等臣民意识、顺民意识,使民众对政府存在着浓厚的依赖情结,导致类似西方的共同体在中国缺乏独立成长的空间。改革开放后,面对社会结构急剧变迁,民间自主力量尚未发育成熟,发达地区城郊社区经历了传统与现代、农民到市民、乡村到城市的巨大变迁,与一般的城市社区与农村社区相比,有着更多的冲突。是否会出现"国家突然缺席导致的社会失控和分化可能造成不应发生的混乱"[①]是发展过程中必须面对的问题。然而,从现实必要性来看,发达地区城郊社区共同体营造存在着三大困境。这些困境在发达城郊社区主要表现为以下三个方面。

第一,人口流动及社会分配机制的变化引发的社群区隔。在发达地区,剧烈扩张的城市,使城郊社区呈现"三分天下"的人口格局,并形成本地农村户籍人口、本地城市户籍人口、外来流动人口的各种不同情况:①"身体在场,关系不在场"。社区居民虽居住在社区,但对于个体而言仅是休息的地方,与该社区几乎没有任何关系。②"身体在场,利益不在场"。由于社区福利只与本地农村户籍人口有关,与居住在该社区的住户没关系。③"身体在场,参与权不在场"。虽然新修订的《村民委员会组织法》明确了非定居性移民具有选举权的规定,但由于基本社会关系和社

---

① 梁绮惠:《治理视域下城郊发达社区共同体复归及其可能》,载《中共福建省委党校学报》2017年第5期。

区福利与社区的住户缺乏相关性,他们的社区参与权不仅会被村居民委员会忽视而且也会影响非定居性移民参与的积极性。④"身体在场,保障权不在场"。以户籍为中心的社会保障政策无法使外来户籍的人口享受到国家给城乡居民的基本福利保障,而具有本地农村户籍的人口则不同,他们虽然大多在城里有了房子,却拥有农村集体的社区福利、参与权利益。这样,就出现了村民与居民、外来人口与本地人口、参与分红的社员股民与不能参与分红的居民群体等。他们的户籍、身份、权利的不同导致社区内部产生利益纠纷,引发群体隔离与群体矛盾。

第二,社区公共服务滞后于经济发展导致社区公共性衰落。一方面,由于村居委会既要管日常的计划生育、安全、流动人口等事务,同时也要管理包括物业、厂房出租或者招商等村集体经济发展的工作,而在村组选举中,村居民往往是"有钱分就举手,没钱分就打倒""分得多就举手,分得少就打倒",这往往使得村委会将主要精力放在经济管理方面,对村居公共事务无暇管理,由此导致村中环境恶化,公共服务不到位,不文明现象时有发生。另一方面,由于公共设施多由集体经济组织和农村居民自行出资建设,公共服务与集体经济紧密挂钩,社区股东往往不愿意让外来人口分享社区的公共服务和设施。同时,政经合一使村居的服务对象主要集中于拥有本地户籍的人口身上,城镇居民和数倍于本地户籍的外来人口并不是村委会服务的对象,这种低包容性的管理模式,导致社区公共性衰落,容易引发社会问题。

第三,社会风险增强了居民的个体化、冷漠化与原子化。市场经济发展,人口流动频繁,动摇了村居民一致行动的社区基础,个人作为社会关系体系中的一个基本单元,其独立性、独特性、主体性日益得到显示和表达。竞争使自我意识得到提高,人们更多地去关注自我,在转制后,村民名义上成为市民,却难以享受到市民权利,社会保障制度的不健全和社会关系网络的碎片化加大了人们对不确定性的恐惧和对情境脆弱性的焦虑。对金钱与功利的追求,淹没了社会温情,技术进步、互联网与货币的合力减少了人与人的直接接触,"鸡犬之声相闻,民至老死不相往来"在一定程度上反映出当今邻里之间关系的真实情况。

当今,在传统社区邻里乡亲之间的认同感、亲密感、信任感逐步消解,居民协商的能力又不足以自主地解决社区问题的情况下,在缺乏传统又缺乏利益驱动的情况下,如何激励驻区单位、村居民关心社区、服务社区来促成社区共同体的生成，政府参与尤为必要，需要承担其主导角色，有效统筹与整合多方资源，解决社区共同体发展过程中面临的种种难题。

相对地，在社区共同体发展过程中，"社区福利服务"作为社区建设的本质，在实践中也出现了不同程度的目标异化，很大程度上影响了社区资源的有效整合与面向社区居民的优质服务递送，影响了社区建设。例如，郑杭生和黄家亮（2012）在对全国多个城市实地调查的基础上，分析指出当前我国社会管理和社区治理面临着四个方面的新形势：利益主体和利益诉求日趋多元导致社会矛盾日益复杂；群众的权利意识迅速崛起导致政府部门的公信力和权威降低；风险社会的特征日益凸显导致社会安全感下降；信息化、网络化时代来临导致其双刃剑效应的显现。此外，在社区福利服务发展过程中，还有参与主体缺位和提供服务与居民需求存在错位等层出不穷的难题，体现为社区组织等主体的服务意识还存在较大提升空间，对于社区福利服务的重视程度与资源投入不足，这使得提供的福利服务种类与所呈现的服务质量受限，亦即社区福利服务难以满足居民的需要，也相对地影响了居民对社区福利服务的期待与需求，进而影响福利服务的进一步发展。

第二节 研究目的与意义

多年来，关于社区的研究一直是学界讨论的重点。大部分研究是在对我国社区发展脉络梳理的基础上，总结发展存在的难题，并提出对策建议。也有不少研究通过对照国际社区发展经验，尝试提出我国社区发展的有效路径。因此，已有讨论主要为对策性的研究，且普遍停留在个体案例讨论的层面上，虽然能够深入阐述各地社区模式的具体特征与运作机制，但是缺乏考虑不同地区之间的差异化社会条件与对策建议的适用性，研究结论的可延展性受到限制。此外，也有部分研究主要讨论"社区"与"社区治理"等概念的理论辨析，一定程度上缺乏实际应用探索的可借鉴价值，有待结合实践验证结论的准确性。总体而言，虽然关于社区的已有研究不在少数，但是在社区问题依然严峻的今天，其现实必要性与已有研究的相对不足决定了其依然存在可以挖掘的空间，目前各方面的政策倡导也佐证了社区探索的价值。对此，基于多方面的因素，本研究关注社区共同体的发展，并以社区福利服务为切入点依然具有必要性。

本研究选择佛山市作为具体的研究样本也考量了多方面的原因。①佛山市位于改革开放前沿的珠三角腹地，社会经济发展水平整体较高，城镇化探索也走在全国前列，在"市—区—镇街"各个层面已进行了系列深入的探索，也出现了多元问题与解决的有效对策，对于全国范围内的研究具有借鉴意义。②佛山市改革开放以来吸引了大批农村劳动力流入，截至2017年年底，佛山市已登记的流动人口达450.2万人，部分地区甚至出现非户籍常住人口多于户籍人口的"倒挂"现象。大量新市民群体的涌入对于原本社区的发展形成了较大的冲击，也随之衍生了各种各样的治理问题，尤其体现在公共服务的公平与效率方面，这对于城镇化进程中的探索具有一定的参考价值。③佛山市下辖的区域兼有城市和农村二元性特征，在内部呈现出一定的差异性。改革开放以来，虽然全市的经济得到迅速发展，但各区之间的经济水平仍存在较大差异，尤其体现为顺德区与南海区走在全市乃至全国发展的前列，它们城镇化的探索与社区发展的实践已经形成一定的先进经验。然而，高明区与三水区由于发展水平相对落后，依然保留着较为传统的农村形态，社区治理的发展与公共服务的相关探索存在较大的提升空间。同时，各区内部也存在较大的差异，在经济发展与公共服务提供等维度上存在显著差异。因此，佛山市作为兼具城乡差异与内部多元性等特质的区域，具有显著的探索价值。加之目前关于佛山市的经验总结主要体现在期刊论文上，研究成果较为碎片化，缺乏对佛山样本的经验更为全面且系统的研究梳理，难以为佛山市的迅猛发展与全国其他地区的类似探索提供经验，存在学术研究的空白。对此，本书基于佛山市的研究样本，尝试结合社区福利服务的具体案例，探索社区发展的可行路径。

具体而言，本书主要围绕以下四个研究目的来进行。

第一，本书将结合美国与英国等国家探索社区共同体的实践，总结社区福利服务的发展沿革，归纳我国社区探索的基本特征与主要经验，为佛山样本的讨论提供基础。同时分析社区福利发展的国际化路径，并结合我国的发展实践构建中西方的对比，研究在我国语境下的社区发展应当何去何从。

第二，结合佛山市构建社区共同体的自治体系与探索社区服务的多元参与机制的案例，总结佛山市在基层治理与公共服务提供两个维度的探索实践，剖析其中的主要特征与主体协作机制，从具体的案例中抽象出社区发展的一般性经验。

第三，基于对佛山样本的研究，讨论我国社区福利服务实践过程中面临的困境，总结其产生的机制并对其原因进行深入探析，分析影响社区福利服务发展的具体要素，为对策建议的提出提供有效参考。

第四，总结基于佛山样本的社区福利服务整合的实现路径。本书将从社区福利服务整合的理念、前提、关键与平台四个方面系统剖析如何实现社区福利服务资源的有效配置，进而结合社区服务的福利性与本土化进行探讨，尝试推导出能够适用于其他地区的、具有可推广性的社区福利服务发展经验。

本书兼具理论与实践层面上的研究意义。

在理论层面上，本书能够对"社区发展"与"社区福利服务"有更为系统的研究。一方面，本书在总结国际社区发展经验的基础上，通过关注聚焦社区发展的典型案例，借助治理理论提供的思考框架，对西方社区福利服务的历史经验进行审视与借鉴，总结本土社区福利服务的经验及教训。通过深入探讨寻求一个开放的、多元主体共同参与、有效激发与配置社区福利服务资源的实现路径和具体策略，能够对补充已有研究有所裨益。另一方面，本书以佛山市为研究样本，其所具有的代表性与内部差异性能够呈现出我国社区探索实践中的层出不穷的难题，形成对社区发展研究的系统讨论，作为对我国社区发展较为全面的研究成果的补充。

在实践层面上，本书能够通过对佛山样本的深入剖析，总结社区发展与社区福利服务探索的有效经验，为我国城镇化的探索与社区共同体的实践提供指引，构建政府、社区、社会组织与社区居民等多元力量参与社区发展的机制，推动我国社区的发展。

第三节　全书结构

结合研究目的与研究意义，本书共分为八章，主要内容是在总结社区发展与社区福利服务的国际经验的基础上，总结我国社区发展的既有路径，选取佛山市内具有代表性的社区发展案例开展深入探讨，以此分析社区福利服务发展的路径。具体而言，各章节的内容如下。

第一章，绪论。结合社区治理必要性与社区福利服务在政策层面与实践层面的情况，总结出本书研究的背景信息，并通过论证佛山样本的代表性，总结本书的研究目的与意义，进而陈述本书的章节安排。

第二章，治理视域下的社区福利服务的理论框架。本章在对社区、社区福利与社区福利服务等概念辨析的基础上，对公共治理理论与福利多元主义理论的相关研究进行了深入的梳理，并结合本书的研究内容进行评述，构建基于多元治理的社会福利体系的理论框架。

第三章，社区福利服务的发展沿革。本章在总结美国社区福利服务经验的基础上，归纳已有研究提出的社区福利服务的中国化路径，构建社区福利服务的中西方对比，分析我国社区福利服务的主要特征与具体的作用机制，为佛山样本的研究提供基础。

第四章，基于佛山市基层治理的案例，分析佛山市如何构建社区共同体的自治体系。本章结合佛山市"村改居"探索实践研究、南海区"文明村"治理的长效机制研究与南海区大沥镇网格化治理研究三个具体案例，分析佛山市在基层治理领域的探索经验。

第五章，基于佛山市公共服务提供的案例，探索佛山市如何构建社区服务的多元参与机制。本章结合佛山市异地务工的公共服务研究与南海区狮山镇社区参与发展研究两个案例，分析佛山市在社区层面如何探索公共服务的有效供给，总结其存在的问题与取得的经验。

第六章，社区福利服务实践的困境与原因探析。在对我国社区福利服务探索的经验总结基础上，本章结合第四章与第五章的佛山样本，分析社区福利服务实践中存在的具体难题，并结合对应的作用要素，进一步分析困境存在的原因与对应的作用机制。

第七章，基于对佛山样本的总结，探索社区福利服务整合的实现路径。本章从兼顾公平与效率的角度讨论社区福利服务整合的理念，从明确多元主体责任的角度剖析社区福利服务整合的前提，从利益相关者协同参与的角度总结社区福利服务整合的关键，从依托社区构建资源配置系统的角度研究如何构建社区福利服务整合的平台。本章从四个方面全面探索实现社区福利资源的有效配置，推进社区福利服务的高效整合。

第八章，讨论与总结。通过对本书重点的系统梳理，进一步明确社区福利服务的发展要点，并在此基础上对社区服务的福利性与本土化进行延伸讨论，进一步厘清社区福利服务发展的本质，为社区共同体的发展提供指引，进而通过对佛山样本的研究总结出能够作用于其他地区的社区福利服务发展模式。

第二章
治理视域下的社区福利服务：
理论框架

第一节 概念辨析

一、社区

社区的概念最早是由德国学者滕尼斯（Ferdinand Tönnies）提出的。1887 年，滕尼斯在《共同体与社会——纯粹社会学的基本概念》中提出了"共同体"，也就是"社区"的概念。他提出，"由自然意志占支配地位的联合体称为共同体"，而"通过自然意志而形成并根本上被其决定的联合体为社会"。他指出，"社区"或"共同体"与"社会"有着差异性的组织基础和特征。在"社会"中，人们的关系基于个人的独立性以及个人理性及契约和法律，而在"社区"或"共同体"之中，人们基于共同的历史、传统、信仰、风俗及信任而形成一种亲密无间、相互信任、守望相助、默认一致的人际关系，存在一种团结的社会联系。"社会"则基于选择意志，是以明确的目的和利益导向为基础的社会联系，表现为现代政府和企业等。由此，"社区"或"共同体"体现了不同的、对立的关系。

在原概念定义的基础上，滕尼斯原先在社会整体关联方式意义上的概念所指逐渐演化成具体的地域性生活共同体（王铭铭，1997；王小章，2002；陈美萍，2010），同时也带有正向评价的意味。正如鲍曼

(2003)提出,"'有一个共同体''置身于共同体中',这总是好事……我们认为,共同体总是好东西……首先,共同体是一个'温馨'的地方,一个温暖而又舒适的场所……其次,在共同体中,我们能够互相依靠对方"。

在滕尼斯定义的基础上,在后续的研究中"社区"被赋予越来越丰富的内涵,但一直都没有形成一个标准化的定义。有学者认为,社区一般是指聚集在一定地域范围内的社会群体与社会组织,它是以一定规范和制度将个人、群体、组织结合在一起的社会生活共同体(杨团,2000)。社区是那些建立在情感和共同性基础上,彼此具有认同感、安全感和凝聚力的社会群体(黄平、王晓毅,2011)。孙立平(2001)认为,社区(community)是一个外来概念,原意本来是指社会生活的共同体。但在我国由于将其翻译成社区,人们往往较多地重视其中的"区"或"地域"的含义,而忽视了其中的社会性含义。社区包括社会认同、社会交往与社会关系、社区组织,是在一定地域的基础上,通过特定的社会组合形式,形成一种社会生活的共同体,从而形成社会秩序和社会发展的基础。与此类似,费孝通(2003)指出,社区含义中的一个重要部分是"com-",和"commune""communion"有共同的词根,就是"共同的""一起的""共享的",就是一群人有共同的感受,有共同关心的事情,也常常有共同的命运。社区中的住户,彼此都很了解,有什么事务,大家都有一种责任感,要一起去解决,而不是那种"各扫自家门前雪"的分离状态。总体而言,不同学者提出的概念都涵盖了"共同地域""共同生活"与"多元主体"等要点,这些都构成了对"社区"讨论的核心要点。

对于社区的分类学者也展开不同讨论。程玉申与周敏(1998)概括出影响城市社区类型的几个主要因素:空间位置(内城或郊区)、居民的社会经济特征(如阶级/阶层、族群、移民)、居民所处生命历程的不同阶段、国家干预程度(福利制度、公共住房建设、城市规划)和市场力量(如城市更新中的"士绅化"现象)等。相对地,徐勇(2001)认为,我国的社区既是自然形成的,更是人为规划的,兼具自发性与自觉性。其规划性和自觉性便体现在政府按照"便于服务管理,便于开发资源,便于社区居民自治"的原则,并考虑地域性、认同感等社区构成要素划分社区。这种社区是在自然、历史和文化基础上培育和建构起来的。在中国,社区主要是指经过体制改革及规模调整后的社区居民委员会辖区。

在具体类别的讨论上,肖林(2011)认为,在现实中的城市社区可以分为农转居社区、城中村/城边缘本地—外来人口混合社区、老城传统社区、单位售后公房社区、纯商品房社区、商品房—回迁房混合社区等,这与阶层分化有关但又不局限于此,而是与单位制、户籍制度、人口流动、城市改造与扩张等因素密切相关。郑杭生和黄家亮(2012)认为,我国不同类型社区之间在人口结构、人际关系、资源结构、文化积淀等方面的差异很大,难以把西方社区的治理模式简单移植过来。因此,分类治理成为我国社区治理的必然选择。从大的方面,可将我国社区分为城市社区、农村社区、城中村社区、城乡接合部社区等四种类型。而城市社区又可分为传统式街坊社区(老居民区社区)、单一式单位社区(单位型社区)、演替式边缘社区(村居混杂社区)、新型住宅小区社区等不同类型。农村社区又可分为一村一社区、一村多社区(自然村)等不同类型。

在实践层面,"社区"在20世纪30年代被引进我国。1986年,民政部为推进城市社会福利工作改革,争取社会力量参与兴办社会福利事业,并将社会力量参与兴办的社会福利区别于民政部门代表国家办的社会福利,定义为"社区服务",由此引入了"社区"的概念(何海兵,2003)。而我国社区的具体发展则与社会经济的整体发展变迁密切相关。

何海兵(2003)总结了我国城市基层社会管理体制的变迁,归纳了单位制、街居制到社区制的发展历程。1949年后,我国在城市基层社会逐步建立了以"单位制"为主、以基层地区管理("街居制")为辅的管理体制,也就是通过单位的形式管理职工,通过街居体系管理社会闲散人员、民政救济和社会优抚对象等,实现了对全体社会成员的控制和整合。单位制具有政治、经济与社会三位一体的功能,以行政性、封闭性、单一性为特征。然而,随着我国经济转轨和社会转型,单位管理模式趋于失效,街居制也由于基层社会的巨大变化而面临很多现实难题,在管理上陷入困境。改革开放后,社会主义市场经济体制逐步建立,社会流动增加,"社区"成为城市基层的主要管理单位。随着"社区"概念的广泛应用,20世纪90年代民政部又提出"社区建设"的概念,并设立基层政权和社区建设司,推动社区建设在全国的发展。1998年,民政部开始在全国选择了26个国家级实验区进行探索。2000年，国务院办公厅转发了民政部关于在全国推进城市社区建设的意见，开展了全国范围内的社区建设发展。地方在开展探索的过程中则形成了"上海模式""沈阳模式"与"江汉模式"几种具有代表性的社区管理模式。

对此，雷洁琼（2001）从政府的角度分析了这些变化：①企事业单位的职能发生变化，特别是国有企业逐渐改变原来"企业办社会"的运行模式，逐步将其原先承担的社会福利、社会服务职能外移；②随着国有企业改革和经济的多元化发展，无单位人员越来越多，待业、下岗者、个体劳动者和其他在非公有制单位工作的人员同计划体制下的企事业单位没有联系，而同街道办事处、居民委员会的关系相对密切；③随着农村经济体制改革的深入和城市的开放，大量农民工进城，务工、经商、从事社会服务，正愈益深入地进入城市社会；④随着现代化的进程，城市家庭小型化、人口老龄化的趋势也愈加明显，城市居民特别是对老幼弱疾者的服务和照顾也面临着新问题；⑤受经济体制改革的牵引，城市行政管理体制也在发生变化，上级政府不断将社会管理和服务的职能下放，而街道办事处、居民委员会承担的社会职能的增加也改变着其自身在城市社会体系中的地位。

因而，杨敏（2007）认为，社会转型和社区建设运动背景下的中国城市社区是为了解决单位制解体后城市社会整合与社会控制问题的自上而下建构起来的国家治理单元，而不是一个可以促进公共领域形成或市民社会发育的地域社会生活共同体。相对地，徐勇（2001）的研究认为，城市社区建设是在全能政府"失效"和市场"失灵"及培育市场与培育社区双重改革的制度背景下发生的社会整合过程，存在行政和自治两种导向。

除了对城市社区的讨论，项继权（2009）则关注农村社区及其共同体。他认为，农村社区的基础是一定的认同感和归属感。例如，传统家族主导的村落是建立在血缘关系基础上的社会生活共同体，中华人民共和国成立以后人民公社时期的基层社区则是一种"政经不分""政社不分"的经济共同体和生产共同体。而随着农村改革及乡村社会分化，建立在集体经济及政治控制基础上的社区日益解体，形成了在服务的基础上重建农民的社区及社会信任和认同，构建新型农村社会生活共同体。

另外，也有学者对社区发展的动力进行讨论。王颖（2008）认为，社区是中国公民社会崛起的重要组织方式。上下结合的两种力量推动了社区自治和城市共同治理：一方面，集权力、信息和资源于一身的政府向社区让权、还权、授权，成为社区自治的"第一推动力"；另一方面，草根社区涌现追求自治的公民行动和政治参与，并对现有政治和管理体制形成强有力的冲击。

  对于社区的讨论，衍生出包括"社区治理""社区建设"与"社区参与"等方面的讨论。对于"社区建设"的讨论源于"社区服务"，其实际上与国际上所流行的社区发展概念相符。刘继同（1999）认为，社区建设需要培育社区型的非政府组织，建立充满活力的社区建设的运行机制与组织体系，而其内核是推进社区的民主化进程。王思斌（2000）认为，社区建设是一个复杂的经济、政治和社会过程，涵盖了建设公共设施、开展公共活动与发展基层民主等多个方面，需要政府、社区组织、社区成员三方合作，提供经济、政治、社会文化三种资源共同支持。孙立平（2001）认为，社区建设的基本目标都是社区发展和社会整合。其中，社区建设的概念指社区中那些可以在一个比较短的时间内通过自觉的努力和行动实现其发展的内容。夏学銮（2002）讨论了我国社区建设的理论架构，认为社区发展走的是从社区迈向社会的道路，而社区建设走的则是从社会返回社区的道路。社区建设的总体理论是社会社区化或社会人文化，含义有两个方面：一是它揭示了社会发展向社区发展转移的必然趋势，复兴在现代化过程中被遗忘的落后社区；二是它反映了用社区共有原理或社区人文精神来建设大社会的客观要求，使整个大社会变成一个人际关系和谐、充满亲情、友情和人情的温馨社区。费孝通（2003）指出，今天的社区建设可以看作一个城市化过程的继续，既是城市发展的继续，也是市民现代化的继续。研究的社区建设，实际上是把一个正在迅猛发展的大都市中的各种各样的人组合起来，组成一个个邻里合作的新社区，建成新的安居乐业的社会，建立起一个地方基层自我管理的基础。社会主义市场经济的深度发展，促使当代中国社会结构随之发生新的变化。李友梅（2007）则归纳了我国社区建设的主要理论脉络，概括出"基层政权建设"取向与"基层社会发育"取向，前者强调在行政社区中重建政治权威的合法性以强化国家的基础性权力；后者认为将社区建设的过程视为构建"社区共同体"的过程，重点为加强社区自组织的建设和营造社区认同。

  对于"社区参与"讨论，则主要与治理参与主体多元化的发展趋势相符合，也与我国社会经济的整体发展情况相关。杨敏（2005）的研究指出，相对于西方民主社会自治精神的基本体现，我国城市社区参与只是一种出于国家治理需要的自上而下的制度安排，具有很强的革命时期形成的国家动员、群众参与的传统色彩。具体而言，国家对居民的社区动员是通过居民委员会组织来实现的，但是居委会更多地承担着社会控制的职能，主要考虑的是居民的福利需求与社会需求，而不是参与政治决策的需求。他进一步提出社区参与应当实现居民参与多样化，依据不同阶层与所关注的社区事务等方面的差异形成依附性参与、志愿性参与、身体参与、权益性参与四种模式。他认为，居委会的福利与服务职能以及社区动员能够整合部分居民的需求，为我国城市基层管理体制改革创造了一个稳定的环境。在此基础上，杨敏（2007）进一步提出，参与是现代社区形成的机制，不同的参与实践建构出来的是不同的社区。不同居民群体出于各自需求而选择参与不同的社区事务，她划分了强制性（福利性）、引导性（志愿性）、自发性（娱乐性）和计划性（权益性）四种参与类型，而自主性依次升高，对社区共同体形成的影响也由弱到强。她强调，各参与类型的性质和具体参与过程不仅取决于居民自身的社会资源和行动能力，还受到国家权力和社区建设导向的决定性影响。朱健刚（2010）的研究指出，我国本土性文化资源（人情、面子）以及私人（或小团体）之间的信任和互惠机制在社区参与中发挥了重要作用。

然而，多年来，在我国现实的社区管理中，社区更多的是指一种新的行政管理地域单元，而不是滕尼斯最早提出的强调"共同体"的社区概念，现实中更多地表现为政府话语中的一种理想状态，理论界对共同体的命运一直争论不休，存在着"社区消失""社区保留""社区解放"等判断。如何在不断弱化的社区中建立居民守望相助的精神，动员社区居民广泛参与和解决社区问题，并在解决问题的过程中，实现居民之间的相互了解、合作、认同，学界有不同看法。从切入点上看，刘继同（2003）从提出"社区福利"入手，李伟梁（2007）则认为从"利益"切入，朱广箐（2008）、唐琼一（2009）则从"文化""教育"着力。从推动力上看，有的认为应采用自上而下的政府生成路径，有的则认为只有自下而上的社会生成路径才能形成社区共同体。在实践中，我国的社区共同体生成路径始终是以政府生成路径为主。所以，有不少学者提出质疑，认为近几年我国社区建设非但不是一个促进公共领域形成或公民社会发育的地域性空间，而"是为了解决单位制解体后城市社会整合与社会控制问题的、自上而下建构起来的国家治理单元"（杨敏，2007），目的是巩固政府在基层的控制力，建立一个可控的社会。对此，我国对于"社区"的相关研究依然存在一定的研究空白，有待结合具体的理论视角基于案例开展讨论。

二、社区福利服务

西方国家有丰富的社区服务的理论研究与实践经验。但在表述上，却不经常使用"社区服务"（community service）这个词，较常用如"社会服务"（social service）、"社会福利服务"（social welfare）、"社区照顾"（community care）、"社区福利"（community welfare）等词汇。在某种意义上可以认为，它们包括狭义社区服务、社区发展、社会计划、社会行动、社会工作等在内的一系列服务、手段或方式，集中呈现了国外社区服务的相关内容和政策体系。这同我国的"社区服务"概念从广义或中观层面所做的界定是一致的。故而，本研究的"社区服务"是指"在社区空间内由不同福利主体所提供的福利总和"。

国外学者对社区福利的研究比较完善，学者提出的社区福利模式也成为各国政府制定社会福利政策的重要依据。蒂特马斯（Richard Titmuss）按照国家、家庭、市场三者的关系将社区福利体系划分为三种：制度型福利体系、产业福利体系和剩余型福利体系。制度型福利体系是指社会需求被给予优先权，国家通过再分配减少社会的不平等；产业福利体系首先关心的是经济效率，国家根据生产效率满足需求；剩余型福利体系是指国家只对市场和家庭不能满足的需求进行干预。在蒂特马斯（Richard Titmuss）的三种制度模型基础上，卡恩和罗曼斯克又提出了"发展型社区福利制度"的分析框架。其基本观点是，即使是制度型福利社会，也是把社会福利作为防止和矫正社会问题的制度；发展型社会福利制度要求建立的是提高人民生活质量和满足人类发展型社会福利制度，而不仅仅是解决社会问题的制度。卡恩和罗斯曼克的理论丰富了对社会福利功能的理解。艾斯平－安德森在《福利资本主义的三个世界》一书中，根据国家对市场的干预程度，运用"非商品化"程度的差异性将社区福利体系划分为普遍主义体系、市场化体系和社会保险体系。普遍主义体系中，国家成为社会改革与发展的推动力；社会保障体系中，国家维护既有的阶级分化现状；市场化体系中，国家起辅导作用。国外学者对国家角色、福利接受者地位的研究，为整合和实现我国社区福利服务提供了可供参考的框架。

在国内，自20世纪80年代社区福利概念在中国开始推行。此后，1994年，民政部概括了社区服务的具体含义与性质："社区服务是指在政府倡导和扶持下，为满足社区成员的多种需求，依托街道和居委会，动员社区力量开展的具有社会福利性质的居民服务业。它主要由社区福利服务业和便民利民服务业组成，是社会保障体系和社会化服务体系中的一个重要行业。"（李慷，2000）社区服务具有福利性、群众性、服务性、互助性和地缘性五大特征，其中福利性是它的本质特点。社区服务面向老人、残疾人、优抚对象等特殊困难群体提供社会福利服务，且服务内容有所侧重。其中，社区服务是面向社区居民提供便民利民服务、面向广大城市职工和离退休及失业人员提供社会保险管理服务、面向社会企事业单位和机关团体开展双向服务等（徐道稳，2001）。

近几年，关于社区福利的研究开始受到学术界的关注。目前，国内学者的研究主要围绕以下几个主题：一是对构建中国社区福利模式的研究。已经形成了具有代表性的"汉江模式""沈阳模式""罗山会馆模式"和"深圳模式"等，李占乐将中国社区福利模式分为传统社区福利模式和社会转型期福利模式。江立华（2003）认为，传统社会福利模式国有化程度高、形式单一并具有一定的强制性，与人们生活方式的多元化相矛盾，人们需要的是一个重视个人利益、自助、共助和互助相结合的社会福利模式。沈洁以主体化、客体化、普遍性和特殊性的价值观体系为划分标准将中国社区福利模式分为四种，即单位社区模式、传统共同体模式、个体中心模式和现代社区模式。二是对社区福利运行机制的研究，包括供给各方的关系，主要涉及政府、NGO/NPO（非政府组织/非营利组织）、社区、家庭等。江立华（2010）认为，社区内部对福利发展的内在需求是社区福利建设的内在动力，社会力量支持是社区福利发展的根本保证。张秀兰（2013）则敏锐地意识到，中国需以社区建设为依托建立家庭福利体系和服务型政府，政府需在资金和政策上发挥积极能动的作用，激活社区内的资源。三是对社区福利的内容的研究。江立华（2010）认为，社区福利内容包括社区提供的福利服务、社区内福利机构提供的院舍服务和政府委托社区具体实施的福利等三方面。沈洁（2007）对社区福利内容做了较为详细的分类，主要包括五个大的方面，即居住空间服务、家政服务、医疗保健服务、社会参与—社会交流服务体系和经济生活服务。四是对社区福利存在问题的研究。沈洁（2007）认为，中国社区福利忽视了以居民生活为核心的原则，国家的政治干预和社会控制直接渗透到居民的私生活中。王思斌（2009）认为，我国社区福利服务设施存在"弱可获得性"的特点，包括社区福利服务中重设施、轻服务，忽视"设施是否符合社区居民特别是弱势群体的实际需要"；"社区福利服务设施的非可及性"（服务设施的短缺、活动空间的非可及性、社会福利设施的展示化）；社区福利服务的弱可获得性等。

总之，国内外对社区福利的研究已取得丰富的成果，为本研究奠定了良好的基础。但现有文献很少提及通过什么样的载体和途径实现社区福利，特别是如何通过社区治理使社区居民（包括营利组织与非营利组织）参与社区福利服务规划及运营，解决福利资源和福利服务输送问题，构建社区共同体。沈洁、王思斌虽然深刻地提出了社区服务存在的问题，却未能从社区治理角度研究如何解决。同时，在实践层面如何操作等研究也相对较少。国外虽有丰富的社区福利服务的研究，但如何切合我国实践使之本土化等，这些都是关键而且有待深入探讨的问题。基于此，从社区层面探讨社区福利资源实现路径和具体策略乃本研究的意义和价值。

第二节 理论基础

一、公共治理

治理（governance）的原意是控制、操纵和引导。自20世纪90年代以来，"治理"的概念开始被广泛地应用在越来越多的领域，并逐渐成为公共管理的核心概念，在国际学界成为研究重点，形成了多种研究途径并得出多样化的概念内涵。全球治理委员会提出的定义被认为具有较大的代表性（俞可平，2001）：治理是个人和各种公共的或私人的机构管理共同事务的多种方式的总和。因此，"治理"强调的是多元主体参与公共事务。

陈振明（2005）总结了治理理论的三种主要研究途径，分为政府管理的途径、公民社会的途径与合作网络的途径，它们在分析对象、关系特征、行为假设、政策方案与政策过程的特征等多个方面存在差异。而对于单纯强调政府部门与市场力量、公民社会与政治国家的前两种关系，有学者认为合作网络治理才具备新的发展特征（Beate Kohler, Rainer Eising, 1999）。认同这种观点的学者认为，治理是政府与社会力量通过面对面的合作方式组成的网状管理系统（D. Kettle, Sharing Power, 1993），也就是在确立多中心的公共行动体系论的基础上，肯定了政府的负责、高效与法治对有效治理的作用。因此，合作网络治理强调的是多中心的公共行动体系，认为主体之间存在相互依存关系，治理可以被理解为政府、私人部门、志愿者组织和社区彼此关系的变化（Sullivan, 2001），而提出的政策方案为构建公共服务供给的合作网络，与"治理"的本质含义更为相符，也逐渐成为学界认可的主流观点。

治理的根本任务在于提供公共物品与公共服务，可以分为全球治理、民族国家的治理与社区治理三种类型。其中，全球治理强调的是对国际合作网络的管理，民族国家的治理则是在民族国家的范围内对政府主导的公共物品供给过程的管理（陈振明，2005）。对应地，社区治理则指的是对社区合作网络的管理，需要注意社区部门与全球和民族国家差异性的参与主体。

实际上，社区治理根源于市场失灵和国家失灵，社区能够做到市场和政府不能做到的事情。由于社区拥有有关社区成员行为、能力和需求的信息，社区治理利用这些分散的私人信息并根据其成员是否遵守社会规范进行奖励和惩罚。萨缪尔·伯勒斯和赫尔伯特·基提斯认为，与国家和市场相比，社区能更有效地培育和利用人们传统上形成的规范自己共同行为的激励机制：信任、团结、互惠、名誉、傲慢、尊敬、复仇和报应等。陈伟东与李雪萍（2003）认为，社区治理结构是一种多元互动网络。他们提出，社区作为城市公共生活的基本单位，将替代居委会，成为居民参与公共事务管理和公益事业建设的主要场所，能够成为动员和组织社区成员开展自我管理、自我教育、自我服务和自我约束的组织。

他们认为，社区治理结构是指政府、社区组织、其他非营利组织、辖区单位、居民合作供给社区公共产品、优化社区秩序、推进社区持续发展的制度和运作机制。魏娜（2003）认为，社区治理是政府与社区组织、社区公民共同管理社区公共事务的活动，通过共同努力改善社区环境、促进社区经济发展、提高社区居民生活质量的过程，社区治理模式的创新将促进社区乃至整个社会的稳定与发展。在我国，城市社区治理模式由行政型社区向合作型社区和自治型社区的发展与社会经济体制改革和社会结构调整密切相关。她认为,我国城市社区治理来源于两种力量的推动:其一是社区自身力量,也就是社区自治组织、社区非政府组织以及社区居民成为参与社区事务治理的主要力量。这主要源于多元利益群体自主性的增强和其通过自治性的管理来实现利益需求的愿望,而社区民众参与意识和民主意识的逐步增强则是推动社区建设与发展的主要力量。其二是政府的推动,也就是政府通过发挥自身的组织与资源优势,与社区居民共同推进社区的建设与发展。夏建中(2010)则认为,由于社区是一个介于初级群体和次级群体的组织,对于居民有着情感性和易接近性的功能意义,是每一个人从家庭走向社会的第一个空间,因此应当是所有治理系统的基础。而社区治理就是在接近居民生活的多层次复合的社区内,依托于政府组织、民营组织、社会组织和居民自治组织以及个人等各种网络体系,应对社区内的公共问题,共同完成和实现社区社会事务管理和公共服务的过程。而社区治理的主体则包括政府的派出机构、居民自治组织、公民社会、自愿者组织、私人机构、公司以及个人等。

综合不同学者的观点,可以总结出,"社区治理"强调"治理"的参与主体多元化的基本特征:在我国,多元主体涵盖政府、社区组织、非营利组织、居民等。社区治理结构由过往单位制与街区制强调垂直科层管理转变为横向的网络结构,主体之间的关系从过往的"管理"与"被管理"转变成为主体之间的协作,而"社区治理"发展的过程也就是政府分权与让权的过程,最终目的是通过主体之间协作保障社区居民对公共物品与公共服务的需求,构建有序的社区环境。

二、福利多元主义

福利多元主义的研究始于西方福利国家范式的演变。"二战"后西方国家建立了福利国家巩固资本主义制度,但对福利国家的过分依赖造成了极大的负担。自20世纪70年代以来,"政府失灵"与福利国家危机愈演愈烈。福利多元主义就是在这样的背景下产生的,其强调社会福利来源的多样化,即除了国家,市场与社会等其他力量也应该发挥作用。

最早提出福利提供者多元化观念的是蒂特姆斯(Richard Titmuss),其在《福利的社会分工》中提出,社会福利由社会福利(social welfare)、财税福利(fiscal welfare)和职业福利(occupational welfare)三种提供体系相互配合、维持运作。而《沃尔芬德的志愿组织的未来报告》(1978)也可以被认为是福利多元主义的起源，它认为社会福利应维持多元体系，志愿组织应改善与扩张，即主张把志愿组织纳入社会福利的提供者行列。罗斯则很早就对福利多元主义有明确的论述。他在《相同的目标、不同的角色——国家对福利多元组合的贡献》中曾分析福利多元主义的概念（Rose，1986）。实际上，研究福利多元主义的学者，不论中外都把福利多元建基于一个由国家、市场和社会（或家庭）三方组合而成的福利提供格局之中（Rose，1986；Olsson，1993），均认为三者都可以也应该提供福利，对于不同的项目可以根据需要由不同的部门分担一点（Johnson，1987）。对此，约翰逊在其代表作《转变中的社会福利：福利多元主义的理论与实践》一书中，将社会福利资源分为四个部门：①公共部门（public sector），即各级政府与公共政策所提供的间接或直接福利；②非正式部门（informal sector），即由亲属、朋友和邻里所提供的社会和医疗服务，以及社区照顾与家庭照顾；③志愿部门（voluntary sector），主要包括邻里组织（neighborhood organization）、自助或互助团体（self-help or mutual-aid groups）、提供服务的非营利机构及压力团体（pressure groups）、医疗或社会研究团体、协调资源的中介组织等；④商业部门（commercial sector），即企业所提供的职业福利和市场上的购买服务。约翰逊认为，对于不同的福利项目，有时会以政府提供为主，有时会以私人市场为主，有时则以其他福利来源为主，这将依据福利项目的特性而决定。类似地，福利多元主义这一新思潮又被称为"照顾（服务）之混合经济"（mixed economy of care），强调社会赡养及健康照顾可以从四大方面获得，即政府法定（the statutory）、志愿机构（the voluntary）、市场化服务（the commercial），以及家庭等非正式照顾（the informal）（Johnson，1987）。实际上，"福利多元主义意在使国家不再独揽或统领福利责任，认为其并非集体提供福利服务（the collective provision of welfare services）的唯一工具"（Hatch、Mocroft，1983）。后续的学者研究则指出，福利多元的行动体系中，总体上的平衡很重要，如果完全依赖政府一方，就会出现福利国家危机状态（彭华民，2006）。林闽钢（2001）总结提出，福利多元主义两个主要概念是分权化（decentralization）与参与（participation），分权化强调福利服务的行政权从地方政府转移至社区，由公共部门转给私人部门。参与是指非政府组织可以参与福利服务的提供或规划，福利消费者和福利提供者共同参与决策。

因此，对于福利多元主义的讨论，其本质上强调了福利来源的多元化，需要其他社会主体的共同参与，以寻求福利国家发展的最佳路径。福利多元主义理论强调的是一种福利供给的多元体系，即通过福利多元结构的安排，将由国家全面提供福利的模式转变为由社会多部门综合提供福利的模式，在多部门的参与下，实现由福利国家向福利社会的转型。

对于福利多元主义在社区范围内的讨论，则可聚焦对"社区照顾"的讨论。约翰逊（Johnson，1987）认为，社区照顾"作为政策目标并非新潮，但政府正在逐步增强提倡社区照顾的决心，因为它似乎让政府有机会削减公共支出，淡化国家的福利责任。尤其是把社区照顾定义为'由社区来照顾'（care by the community），更为符合福利多元化的主张"。由此可见，所谓社区照顾（community care），从当初由政府主导"在社区内提供照顾"（care in the community），变成了主要"由社区来照顾"（care by the community）。

相对地，陈雅莉（2010）以福利多元主义理论为视角，讨论政府部门、非营利部门、商业部门以及非正式部门参与我国城市社区服务供给的状况。

第一，政府部门。我国政府介入了社区服务发展的全过程，成为社区服务启动阶段的主导性力量。政府部门在社区服务发展中的作用主要体现在四个方面：①制定相关法律、法规和政策，确立社区服务的发展目标；②通过财政拨款、税收优惠、福利彩票等途径，为社区服务提供经济上的保障；③运用行政或法律手段，对社区服务的项目运行和实施情况进行监督和规范；④采取各种形式宣传社区服务活动，推进社区服务的普及。

第二，非营利部门。首先，非营利部门在资金、人力、物资等资源动员方面弥补了政府投入社区服务资源的不足。其次，非营利部门为社区居民参与社区服务发展提供了组织化的渠道，通过社区居民协会等非营利组织，社区居民参与到社区服务中，表现为居民的自我服务和守望相助，这增强了社区的凝聚力和归属感。最后，非营利部门的灵活性和创新性使其能够对社区居民的多样化服务需求做出及时、恰当的反应，拓展了社区服务的项目和内容。尤其是社区居委会和来自社会各方的志愿者组织，开展了形式多样的社区服务活动。

第三，商业部门。在我国城市社区服务发展中，商业部门为社区服务引入了市场竞争机制，提高了社区服务效率。一些私营企业参与到社区青少年教育、儿童托管、老年人照顾等项目中来，为社区居民提供了价优质高的服务。此外，商业部门提供一部分营利性社区服务，如社区文化、教育、休闲等服务，增加了社区服务的多样性，拓展了社区居民的选择范围。另外，商业部门还为社区服务调配了大量资源，如一些商业组织对于社区老年人服务、医疗服务、残疾人服务等项目进行了资助，促进了这些项目的发展。

第四，非正式部门。一方面，非正式部门提供的照顾与服务能够让被照顾者不离开其熟悉的家庭和社区，所提供的服务更贴近人们的正常生活，能更有效地回应被照顾者个性化的服务需求。另一方面，亲属、朋友、邻居提供的照顾与服务不仅满足服务对象衣食住行的日常生活服务需求，而且服务提供者与服务对象之间存在情感交流与互动，可以满足彼此间的社会交往和情感慰藉等方面的需求。

第三节　理论评述

关于社区发展与社区福利服务议题的讨论，能够以公共治理作为理论视角，并结合福利多元主义构建对应的理论框架，讨论在我国语境下的政府、社区组织与居民等不同行动者参与社区发展的具体路径与发挥作用的机制，从而讨论社区发展与社区福利服务的探索路径。

"公共治理"是公共行政中一个丰富的理论体系，涵盖了各式各样具体的概念，被学界应用在分析各式各样公共领域的具体问题，由此延伸了对国家治理的讨论、地方治理的讨论与作为基层的社区层面的讨论。"治理"的核心为参与主体多元化，其与我国社区发展的总体趋势相符合，政府正在逐步让权至社区，使其为主体的参与提供条件。因此，"公共治理"能够成为分析我国社区发展的理论视角，重点关注政府、社区组织、居民与非营利组织等不同的行动者在其中的行动逻辑与作用机制如何参与社区的发展。

与"公共治理"相对应，福利多元主义同样研究主体多元化，但其更聚焦福利的供给，讨论政府、市场、社会力量和志愿组织如何参与公共物品与公共服务的提供。因此，福利多元主义能够嵌套在公共治理的框架下讨论不同主体的协作过程，适用于结合具体案例讨论多个行动者参与的社区发展过程，论述如何构建主体之间的联系以整合社区福利资源，为居民提供优质的公共物品与公共服务。

第四节 理论框架

对于社区治理与社区福利服务的已有研究，主要结合社区公共服务与公共物品的提供方式开展讨论，关注如何能够完善主体之间的合作机制，提升社区治理的发展水平。然而，大部分的研究主要为对策性而忽视主体各自的行动逻辑与具体的作用机制，分析的深度有待进一步拓展。结合对相关理论与研究的梳理，本书提出以社区福利服务为切入视角，探讨如何厘清政府、社区组织、居民与志愿组织等主体之间的关系，提出能够整合社区福利服务资源的具体路径。而对于政府、社区组织、居民与志愿组织之间的协作机制讨论，应当首先明确它们对应的行动者角色。结合公共治理与福利多元主义的理论论述，本书提出对社区福利服务的多元主体参与体系，即由政府部门、社区组织、居民群体与志愿组织共同参与到社区福利服务的探索过程中，并需要在原有的角色定位基础上予以转变，实现主体之间的有效协同。

在社区福利服务的供给体系中，有政府部门、社区组织、居民与志愿组织构成协作体系，承担差异化的分工。其中，政府部门应当从以往的主导者转向监管者，在社区福利服务的提供过程中，把规划等主导功能逐渐让权于社区组织，由社区构建起代表居民诉求与利益的共同体，联结志愿组织提供服务。在此过程中，政府部门应当承担起监管者的角色，为社区福利服务的发展制定总体方向，并监管社区组织、居民与志愿组织能够有序参与到社区福利服务的建设中；社区组织在我国主要体现为社区居委会，应当从以往研究中总结的执行者角色转向统筹者，即构建在社区层面的社区福利服务资源整合平台，承接好对接政府部门有效监督和与志愿组织以及居民有机参与的功能；居民群体应该在社区福利服务的实践中承担起参与者角色，这首先需要逐渐培养居民参与社区事务的意识，并由社区组织构建起居民参与的渠道，引导居民进一步参与到社区福利服务的发展中，通过意见表达和服务规划递送等方式，发挥居民群体在社区建设中的主人翁作用；志愿组织则应该在当前社区福利服务提供发展过程中承担起执行者的角色,即通过社区组织搭建的平台介入,凭借志愿组织的专业资源链接,保障社区福利服务的质量。由此,本书的讨论将基于多元主体参与的协作体系的框架开展。详见图2-1。

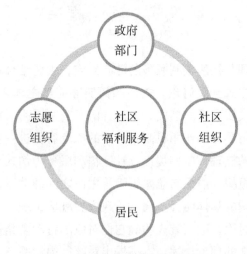

图2-1　多元主体参与的协作体系

第三章
社区福利服务的发展沿革：
中美样本的对比分析

第一节 社区福利服务的美国经验

本章节将以美国为典型案例，审视其社区福利服务的发展和推进，梳理社区福利服务的福利责任主体、福利对象、具体内容、供给方式以及国家、市场及社会三者在社区福利服务中的角色，也对资源如何分配、权责如何划分以及功能如何发挥等进行分析。在此基础上，本章节还着重研究多元福利主体是如何互动、福利资源如何供给、福利资源如何传递以及如何使这种良好的模式形成并持续。

一、福利国家发展脉络

已有60余年历史的西方"福利国家"，其福利改革在经历了诞生、发展之后，出现了老龄化、经济增长缓慢、通货膨胀、失业率上升等一系列问题。20世纪70年代西方经济大衰退，造成了公众社会福利态度的戏剧性大转变：普遍认为福利国家走过了头。批评者认为，福利国家的不断扩张，导致政府遭遇严重危机，福利国家已不堪重负（Rose，1980）。这种状况，至少部分地被归咎于凯恩斯主义经济政策和贝佛里奇式（Beveridge-style）福利政策。到20世纪80年代，福利国家招致更猛烈的指责，同时关于其危机的讨论也越来越多，迫使各国政府紧缩福利服务更改社会政策，转而奉行所谓福利多元主义（welfare pluralism）。因此，其改革是美国社会福利改革所谓福利国家的膨胀走过了头的改革。

"二战"之后，美国没有大规模的国有化过程，但政府对公共服务过度干预。里根政府实行更多发挥市场机制作用的经济政策，市场机制更多被运用于美国的公共事业运营中。在克林顿政府时期，联邦政府对100多个机场的空管和一些军事基地功能的运营引入了市场竞争机制。美国的公共事业私营化或者市场化模式与英国等其他西方国家的不同之处在于更多地采取了公共服务或政府服务合同外包的形式。通过服务外包，私营企业和一些社会组织可以提供多种公共服务，包括公园管理、卫生保健、学前教育、社会住房、老年人照顾、社区司法矫正服务等。少数地方政府甚至将一些一直由政府提供的公共物品合同外包给了私人企业，比如监狱外包管理。

福利国家的发展也与社区组织密切相关。20世纪初，美国已经开始关注社区发展问题。其社区组织从20年代开始初步形成，到60年代已经基本形成了治理主体定位合理，职责分工明确，运作规范有序的社区治理模式。在美国，市政府设有社区服务局（Neighborhood Service Department）、社区管理委员会等机构，但社区服务局其职责是指导社区的建设与发展，帮助社区建立自治管理委员会（Neighborhood Association）。自治管理委员会成员由社区居民直选产生，社区委员会是半官方组织，每个社区委员会都有50个不领工资、由区长任命的委员，任期为两年。社区主席由社区委员会聘用。社区服务顾问团由各专业职能部门的代表、社区委员会主席及市议会中本社区的代表组成。社区委员会和社区服务顾问团是政府和市民进行联系的桥梁和纽带，在社区中发挥着重要作用。社区内专门有提供社会服务的团体（包括志愿者团体、非营利性机构、非政府组织等）机构等，以解决社区内的各种问题，如家庭福利、就业、环境污染等，从而提高全社区居民的福利和生活质量。

2008年，美国登记的社会组织已达151万多个，每万人拥有社会组织约50个。美国对社会组织的培育发展较为松散，对社会组织的扶持手段主要是减免税收和直接提供财务支持。凡经美国国内税务局查实并赋予免税资格的社会组织，均可全额免除所得税、财产税、失业税，公益组织还可以享受税收减免。美国政府在社会服务方面的花费，50%以上投向了社会组织，占社会组织支出的13%。美国对社会组织的监管主要由税务机关、司法部门、国家慈善信息局和提供公共服务项目招标的部门来实施。

二、社区照顾发展情况

目前，美国多数老人依靠配偶、子女提供照顾，而美国家庭健康机构（Home Health Agency）主要向存在 IADL（工具性日常生活能力）和 ADL（日常生活活动能力）能力不足、无照顾老人提供非专业性服务和专业医疗护理服务，包括向达到保险支付标准的老人和按市场价格付费的两类老年人群提供服务。

目前，美国的社区养老服务提供方式包括建立老年公寓或老年聚集住宅、退休社区、老年人护理院（24 小时照顾）、专门的老年人食堂；提供居家生活、日托照料、阿尔茨海默病老人院、老年活动社区、临终关怀、暂缓照料等；老年活动中心即老年大学，接收 65 岁以上的老人免费进修；政府和慈善机构为有能力的老人提供就业的机会；由社区志愿者和老龄委员会提供面对老年人的社会保险、私人医疗保险，社区服务机构工作人员以及志愿服务人员等为社区照料提供丰富资源。

在对老年人提供的社区照顾中，志愿组织承担了极为重要的角色。总体而言，全美主要有三个大的志愿者服务项目：①退休和老年志愿者服务项目。2004 年，该组织获得联邦政府 5590 万美元资助，获得 4840 万美元非联邦资助。年龄 55 岁以上老人可参加该项目志愿者工作，无经济回报，提供的服务有医疗保险咨询、健康服务、营养服务、家庭修理、电话慰问老人、帮助购物、家庭访视、教育服务及临终关怀等。②老年陪伴项目。参加该项目的通常是 60 岁及以上低收入老人，参加的老人可以获得每小时 2.65 美元的报酬。老人每周提供 15～40 小时服务，主要为社区独居、身体虚弱老人提供身体和情感的支持。③祖父母养育计划。提供服务的老人主要为医院儿科病房患儿、孤儿、问题少年及早孕少女提供教育支持服务；必须是 60 岁及以上低收入老人，没有其他工作，每周需提供 15～40 小时服务。除此以外，美国还有很多私人发起的志愿者服务组织，以发挥老人的职业专长来服务社区老人，如律师、护士等。

因此，美国已经有相对较为完善的机制和保障制度确保志愿者等服务在社区福利服务中发挥重要作用，美国的特点在于志愿性和营利性的福利部门齐头并进发展，反映出其个人主义导向。注重政府和社会力量的多元共治与协同合作，并让志愿性和营利性的福利部门加入进来，不仅使得最困难的人群得到救助，而且这种全民参与使得参与各方都获得一定的利益，政府通过外包、补助制度等方式将一些公共服务转移给非营利组织，更专注规划、协调与监督，而营利性部门获得合理的利润，体现了一种机制性的社会责任关系。

第二节 社区福利服务的中国化路径

对我国社区服务的讨论需要嵌套于社会经济发展的整体背景下，结合社会的各项变迁分析社区福利服务发展的脉络。

在20世纪80年代初的全面的社会经济改革开始之前，我国实行的是以职业或工作单位为基础的经济分配与社会保障体制（Chen，1996）。在城市，由国有和集体所有制企业"办社会"，代替或代表政府行使多种社会控制和社会福利功能。在农村，则是由人民公社和生产队负责无子女赡养又丧失劳动能力的人口养老等。1978年确立改革开放方针之后，城镇职工终身制的"铁饭碗"被打破，农村亦废除了人民公社的制度，人们享受了30多年的社会安全体系基本瓦解（当时普遍认为，缺乏生产效率是阻碍市场竞争的"罪魁"；单位包办社会福利，提供就业保障，给企业造成的负担过重而且不均）。这一巨变，较之任何西方国家的福利改革，都来得更加猛烈和彻底。因此，我国经济改革之起步，实际上也同时是社会保障制度的根本变革，故称之为"经济社会改革"更为全面准确（Chen，1996；陈，2008）。然而，西方国家的改革是为了削减社会服务庞大经费开支，要驱使吃福利的人去工作；而我国的改革却是为了卸掉企业沉重的包袱，而不得不精简人员，使得部分职工下岗。虽然目标与举措都大相径庭，其最终结果却似乎应了"社会趋同论"的预见，即西方变成由福利多元主义新思潮占主导，而中国则以"社会福利社会化"为指导思想。在这个意义上，两者是从不同的两端、相对立的方向，越走越近（陈，2013），也因而有越来越多的国内外学者，开始用福利国家的框架来研究中国的社会保障等问题。

随着中华人民共和国的成立，所呈现的是一个与福利国家根本不同的经济国家（Chen，1996、2002a；陈，2008）。但是，如同研究福利国家必须采取历史的、动态的观点一样，研究中国经济的演变，也必须认识到在不同历史阶段其截然不同的表现。

随着经济改革的发展、政府职能的转变，国家试图通过一系列"配套改革"的措施来弥补大众的失落，并达成社会保障福利服务的"社会化"。总的来说，最初的经济社会改革，一方面解决了单位福利负担不平等的问题，让企业脱离困境；另一方面又有点类似于西方的"福利多元主义"，控制了国家财政开支以及社会福利责任。但不管怎么说，各级政府倚靠劳动、民政等部门，在城市积极开展养老基金社会统筹等等，在农村则进行"基层社会保障"的探索，致力于重新建立一个面向大众的、具有"中国特色"的基本社会安全网。不过，新的社会保障体制的建立，当时远远落后于经济体制改革。许多非货币性保障，迟迟无法通过制度转变来实现。正是在这种紧迫形势下，面对企业（甚至包括一些事业单位）纷纷"甩包袱"而造成的社会需求激增，一心改革的中国政府中一些锐意创新的领导人，发现了"社区"的潜在效用，并激起了向发达国家学习"先进经验"的热望（陈，1988；Chen，1996）。

这一努力，作为经济改革的配套措施，对企业改革的成功、填补单位保障消失所造成的空缺，并加强社区的服务功能起到了一定作用。经过几十年的起起伏伏，如今社区服务与建设已基本制度化，从大都市向各个中小城市普及，以最终覆盖所有的城市地区。从比较研究的角度来看，与西方有相似之处，如老年人也是我国社区服务主体对象之一。不同的是，我国社区服务运动兴起的缘由，是企业改革、单位福利保障瓦解造成的社会需求激增，而并非社会服务（如老人疗养院等）随着所谓福利国家的膨胀走过了头。因此，直到现在，中国仍有充分理由积极发展必要的机构照顾设施（尤其是针对高龄和生活不能自理的人群），以满足老弱病残、精神疾病患者等群体多样化的健康及社会服务需求，形成"以居家养老为基础、社区服务为依托、机构养老为补充"的为老人社会服务体系（陈，2010b）。由此可见，与英国及一些类似国家的案例不同，"在社区里提供照顾"（care in the community）和住院/机构性照顾（institutional care），在中国并无尖锐对立的历史及含义。

社区养老其他方面的"中国特色"，就城市社区服务刚开始推行的时候来说，首先是很少人知道"社区"一词及其含义。这不仅是因为社会科学的有关学科在一定历史时期相对停滞，也由于中国人已经习惯了以职业为基础的社会归属体制。只在乎一个人属于哪个工作单位，而单位则负责满足职工的几乎所有社会需要。只有在退休之后，人们"回到"社区，才或许会与各种各样的社区组织发生较多的联系（至于农民，则通常没有退休一说）。由于当时人们一般就住在工作单位或生产队，其社区归属感多多少少与单位/生产队归属感重合，或通常由后者所支配。

其次，中国的基层社区组织程度较为严密，并在社会控制方面发挥了独特作用。这是一个特色，因为西方国家很少见到（即使有的话）像街道办事处那样的社区"基层政权"，以及像居民委员会和居民小组这类的社区"自治组织"。另外，在社区内专门提供社会服务的团体（包括志愿者团体、非营利性机构、非政府组织等），以及面向一般老年人的养老机构等，在当时则几乎闻所未闻。这与西方国家相比也是一个特色。为孤寡老人等特殊群体提供最低保障，基本上是地方政府派出机构和半官方集体组织的责任（早期孤寡老人数量并不多，主要是当时我国人口结构尚年轻，而老一辈通常是多子女）。随着改革开放的深入持续开展，这种情况到今天已经有了很大的改变。然而，与西方（后）福利国家比较，相对于人口的急剧老化，社区服务的设施以及专业服务的人员组织仍然有相当大的差距。至于街道办事处作为城市基层政府（派出）机构，以及其他城市社区组织（甚至包括无孔不入的居民委员会和居民小组），在经济改革及社区服务开展之前，则对于解决一般居民生活需求并不具有特别重要的意义；通常的解决途径，还是要去"找单位"。

最后，中国社会依然严重依赖和推崇家庭赡养（这或许是中国传统文化中，唯一或最受共产主义意识形态认可的家庭观念，即使经历了"文化大革命"都未受到什么影响）。但就居家养老而言，与西方一样，社区服务的需求并未完全解决，包括在家提供无偿照顾应如何计算社会成本，以及妇女的外出工作权益等问题。在中国社区服务推行之初，曾有学者认为家庭赡养是中国文化的传统美德，担心取代家庭的养老功能而反对强调发展社区服务。然而，研究者和决策人都必须正视经济改革的副作用对老年人产生的负面影响，以及"银色浪潮"的到来所伴随的家庭结构急剧变化。考虑到城镇实行的独生子女政策和农村地区青壮年劳动力外出产生的后果，中国的养老政策问题将遭遇更多困扰。"一孩政策"的结果，已造成城市家庭"四二一"结构的现实（失独老年人口数量亦不容忽视）；而农村由于年轻人进城打工，亦造成不少"空巢家庭"。据最近一项抽样调查显示，中国已有三分之二城乡老人不与成年子女同住（Li、Chen，2010）。尽管两代分居可以是"分而不离"，但对需要长期照顾的老年人来说，仍然会是一个严重问题。在这种情况下，再继续单纯强调传统家庭养老，对于社会政策的研究发展已无裨益。换句话来说，中国人的"就地养老"可能意味着在现有家庭和社区服务的"空巢"中老去。经济体制改革早已将福利和服务（包括住房供给）的负担从工作单位转嫁给居住的社区，然而"社区"到今天还没有完全准备好（或许永远不可能）去承担以往由"万能"的单位所担负的对职工绝大部分的责任。如果家里没法待，养老院又去不了，那么，对一些中国老年人来说，"就地养老"很可能会变成"没地养老"。因此，不能因为重视传统家庭养老的功能，而轻视社区服务照顾的研究。

我国没有由国家提供社区照顾服务的传统。社区服务的推行，一开始就奉行多层次、多渠道的多元化政策，且其重点在于"由社区来服务"。国家在社会养老方面的投入，大体上局限在城镇建立面向"三无"老人的社会福利院，以及在农村为"五保"老人提供集中供养场所和生活服务。对一般的老人来说，家庭成员仍然是照顾他们的主体。进入21世纪以来，政府对社区基础设施的投资有所增加，如从2001年起连续三年实施建设社区老年福利服务设施的"星光计划"，总花费据统计达134亿元人民币，建成"星光老年之家"3.2万个，并涵盖老年人文体娱乐等多种功能，受益老年人超过3000万（陈，2010b）。有些地方采取上门服务、定点服务和巡回服务等方式，为老年人提供生活照料、家政服务、紧急救援以及其他便利老年人的无偿、低偿服务项目。不过，志愿者服务覆盖了很大部分，包括医疗护理以及家庭一对一的专属看护服务。虽然中国老龄事业白皮书曾指出，随着社会公益事业教育的迅猛发展，国家大力提倡培训专业的养老护理人员，但是实际上究竟有多少老人能有机会受益依然有待考究。

在我国，随着改革开放的深入，在长达40年的持续经济增长中，我国逐渐成为世界第二大经济体。由于社会发展相对滞后，政府福利供给的缺位，特别是在城镇化加速、人口老龄化的加快、家庭小型化及婚姻稳定性下降的背景下，在民间社会服务机构不发达的情况下，城乡居民所面临的养老、老人照料和儿童照顾等社区福利需求的压力越来越大。据统计，截至2017年，我国60周岁及以上人口占17.3%，老年人口群体基数大，增长快，且表现出明显的高龄化、空巢化、失能化趋势。中国高龄（80岁以上）老年人口已经达到2500万，失能老年人口规模庞大，突破4000

万，而患有慢性病的老年人数量也持续增加，老年人口的内部变动将进一步加剧人口老龄化的严峻性。

除了老年人群体，失业人员与失能人员也需要社区的重点关注。而这些失业者、高龄老人、半失能老人通过企业"甩包袱"推向社区，于是社区被赋予协助政府向这些人提供社会保障和福利服务的功能。另外，家庭也不得不较多地承担起自助的责任。因此，社会福利问题被社区化了。因此，直到现在，中国政府对社会福利不是投入太多而是投入太少的问题，政府仍有充分理由积极大力发展必要的社会福利事业，以满足老弱病残、精神疾病患者等群体多样化的健康及社会服务需求，形成"以居家养老为基础、社区服务为依托、机构养老为补充"的为老社会服务体系（陈，2010b）。

在养老领域，我国的社区养老服务提供方式主要是在部分大中城市初步形成以设施服务、定点服务和上门服务为主要形式，以日常生活照料、医疗保健、心理保健、文化娱乐等为主要内容的社区养老服务格局。但是从总体上看，我国社区养老服务的社会化服务水平很低，投入不足，而且发展很不平衡，普遍存在以下问题：社区福利服务中重设施、轻服务、忽视"设施是否符合社区居民特别是弱势群体的实际需要"；"社区福利服务设施的非可及性"（服务设施的短缺、活动空间的非可及性、社会福利设施的展示化）；社区福利服务的弱可获得性等问题。当前的服务设施供给水平与我国人口老龄化发展、与提高老年人生活质量的需求很不适应，与国外相比，志愿服务资源不足。我国社区老人社会网络支持体系强度及多元化福利模式发展完善程度不及美国，老人可获得的综合社会福利资源较少，这可能造成了两地老人生活质量评价及健康状况的差异。

此外，目前我国志愿者服务及非营利民间性组织发展还处于摸索阶段，其在社区养老服务中发挥的作用还比较有限。相对于美国市场化家庭医疗护理和生活照料服务发展已经比较成熟，我国的市场化服务体系仍处于初步阶段，赢利机构数量及规模有限，发展面临各种困难，也没有相应保险覆盖，更缺乏高素质人员保障其服务质量。

与美国不同，虽然我国也建立较为系统、严密的社区组织，并在社会控制方面发挥了独特作用，但由于社区的碎片化使社区福利递送障碍重重。我国虽然有居民委员会、物业管理机构、业主委员会等部分社区组织，但由于社区居民委员会承担了众多政府功能，行政化倾向严重；物业管理公司则以营利为主要目的进行市场化运作；刚刚发展的业主委员会主要关注物业维权问题。因而，这三个组织都不会关注家庭福利供给压力问题（晁流，2004；丁元竹，2008）。其他的社会服务团体如志愿者团体、非营利组织由于发展历史短等原因，无论从机构的数量、规模，还是管理水平上都有较大的差距。

第三节 社区福利服务的中西方对比

基于中美比较研究视野下的案例，本节结合佛山市的实证研究，对社区服务进行审视与反思，可以总结得出两者差异主要体现在参与主体的层面上，即社会组织（在社区福利服务领域主要体现为社会工作机构）作为服务提供的关键主体，自身发展情况同参与社区福利服务的情形存在中美之间的较大差异，从而影响了社区福利服务的发展。以佛山市为例，社会组织的发展情况具有以下特征。

一、机构规模及专业化程度

第一，社会工作机构成立时间短，规模普遍较小。从2010年南海区成立佛山市第一家社工服务机构以来，其他各区也以迅猛的态势纷纷实现零突破，但总体来说，佛山社工服务机构成立的时间都比较短，在调研的18家机构中有72%的成立年限都在三年以内，且这其中大部分的机构都是两年内成立的。同时，这些年轻的机构规模也普遍较小，主要可以从在职人员数量和机构运作经费两方面来看。调研结果显示，45%的社工服务机构人数在15人以内，只有15%的机构人数在30人以上；大多数机构每年的运作经费包括机构运营和服务项目支出都只有几十万，只有少数机构能够突破百万。

第二，社会工作机构在职人员人才短缺、专业化程度较低。从调研结果来看，在职人员中社会工作专业人员比例在30%以下的社工服务机构有40%，比例在30%~50%之间的有21%，也就是说，有六成多的社工服务机构中，其在职人员只有不到一半是有社会工作专业背景的。而且，机构中持有社会工作者职业水平资格证的人员比例也不高，大多数机构的持证社工都在30%以下，有些机构甚至在10%以下。而即使是社会工作专业的人员，一年及以下社会工作年限的占45.76%，一年至三年社会工作年限的占52.55%，三年至五年社会工作年限的仅占1.69%，而五年以上社会工作年限的则一人也没有。在所调查的样本中，三年及以下社会工作年限的高达98%，据访谈了解，大部分社工机构成立的时间并不长，很多社工都是刚刚从事社会工作不久，其中有不少是大学刚刚毕业不久甚至还没毕业就步入了社工行业，工作实践经验十分缺乏。在职人员专业化程度不高，会直接影响社工服务机构提供高质量的专业化服务。

二、经费来源与内部管理

第一，机构运作经费来源途径虽呈多样化趋势，但主要经费来源单一，对政府资金依赖性强，其他资金来源比例小。目前，各职能部门在社区福利建设方面的投入，往往根据本部门或本系统的需要，资金使用分散，管理不规范，尚未形成制度化，综合效益不佳。另外筹资渠道狭窄，资金来源不足。除去政府的专项投入外，街道、居委会、中介组织在自筹资金方面很困难，且缺乏一套自筹资金的机制与途径。而在社区自治尚未形成的情况下，驻区企事业单位、社会福利募捐和个人资助等社会性集资的数量都十分有限。过度依赖政府投资，势必导致行政全能主义的趋向，使社区自治更加困难。以社工机构运作经费为例，佛山地区社工服务机构运作的经费有38%的机构百分之百依靠政府，运作经费中政府来源比例最低的也占60%，约有33%的机构即使有其他资金来源，其他资金在机构经费总额中所占的比例也仍然不高。经费不足已成为约束机构发展的主要因素，机构常因支持不足或资金拨付不及时造成运作经费紧张，以致勉强或不能维持机构日常的行政支出，且其本身也缺乏自我造血能力，一旦政府中断购买，就会威胁到机构的生存。有机构表示，迫于资金压力，为了维持机构的正常运营，不得不压缩服务经费，从而难以保证服务质量。而且对政府的过于依赖，也会影响机构运作的独立性和自主性。例如，在制定服务方案时，往往会从政府项目指标的角度考虑，而非依据服务对象需求，在投标和项目评估过程中要应付各种行政事务。与此相联系，能力不足的社工机构对政府过分依赖。在与市内社工机构进行面对面访谈时，这些社工机构的受访者都表达了向政府申请更多资助和扶持的愿望。市内的社工机构在发展过程中形成了根深蒂固的"有困难找政府"的思想，都寄希望于通过政府的资金资助和政策倾斜从而获取组织的进一步发展。这与社工机构的天生属性——独立于政府与市场之外，恰恰背道而驰。

第二，机构内部的组织管理水平不高。社工服务机构的发展不仅需要专业服务的提供，更需要有科学的组织管理。当前佛山地区有很多机构都是在政府政策和指标的引导下"催生"的，尚未好好思考如何管理运作就开始承接服务项目，更别说对机构长远发展的规划了。而一些刚成立不久、规模较小，甚至还没有专门的办公场所的社会组织，他们不仅缺少明确的成文组织章程，而且由于专职工作人员较少或者处于经常流动的状态，导致组织内部管理制度建设不健全。虽然从调查来看，78%的被调研机构认为自己有比较完善的组织架构，且层级清晰、各部门分工明确，还有22%的机构组织架构不完善或虽有一定架构但层级模糊、部门工作交叉重复。但就笔者走访的情况来看，这些"幼小"的社会组织往往由组织的创立者自然而然地担任组织的负责人。种种限制和不足综合起来导致这部分社会组织既没有明确的服务宗旨，也没有连贯稳定的工作人员，在处理各种状况时往往无章可循，仅仅依靠组织负责人个人的主观判断和个人决策行事，存在机构管理人员身兼数职或部门虚设的情况。

第三，专业社工人才的缺乏，社会工作的专业化、职业化进程缓慢。在佛山市的样本中，大多数机构表示现在招聘对口社工较难，前来应聘社工岗位的人什么专业背景都有，而社会工作或相关专业的应聘者甚至不超过半数，招聘有经验的持证社工更是难上加难。截至2013年年底，佛山全市持证社工人员只有1740人左右，其中有一部分还是政府或事业单位人员，且这些持证社工主要集中在南海、禅城和顺德三个区，对于三水和高明两区的机构来说，人才缺失问题更加突出，只能聘请外地持证社工，但由于语言文化不同，基本不能满足本土服务需要。还有机构表示，即使能够招聘到社工专业的毕业生或持证社工，其专业实务能力与工作需求的对接也有距离，机构需要花大量时间和精力进行培养，提升其专业性和创新性。另一方面，在调研中发现，鉴于仅有4%具有"社会工作师"与46%具有"助理社会工作师"的资格证书，以及有高达63.7%的社工并不认可自己的专业知识可以满足实际工作开展的需要；高达73.6%的被调查者觉得自己所从事的绝大部分工作并不能够为案主带来满意结果的情况。可见佛山社会工作机构的专业化及职业化水平仍处于一个较低的水平。一位在某机构已工作三年以上的社工表示，机构里面并不缺乏工作能力强的人，但是具备专业知识背景，懂得运用专业知识、技能和方法来分析、解决问题的社工却十分缺乏。

佛山的社工机构，普遍存在着专业理论与社工实务脱节、理论跟不上实践，理论不懂得运用于实践等情况。而社会工作恰恰又是强调实务，重视方法和理论指导的行业，由于社会工作的专业化、职业化进程缓慢，不可避免地导致社工队伍和社工机构整体水平偏低的现实。

第四，社会工作人才队伍的激励机制不完善。在调查中发现，有高达60%的社工觉得自己所在机构的激励机制与所担任务不同步，主要表现在两方面：一是薪酬待遇低。社工的平均工资（除五险一金外）在2000元到3000元之间，而且，机构加班现象普遍甚至是常态。而其薪酬与期望值的落差则在1000元左右，这与佛山社工最低起薪指导价定于3500元还相差甚远。大量的研究资料表明，社工的薪酬待遇偏低是目前社工领域人才流失的根本原因，因此如果不能够为社会工作者提供一个合适的薪酬，将势必影响未来社会工作人才队伍的建设。二是发展空间不大。当社工的基本需求已得到满足的时候，自我实现的需求则表现得尤为重要，在工作了好几年的岗位上仍然原地踏步，就难免会产生厌倦，只有在人的潜力与才华都得到充分发挥与施展的时候，人们才会感受到工作带来的快乐感和满足感，并真正体会到自己存在的价值。

三、外部环境与地区差异

第一，政府支持力度与居民认同度一般。虽然佛山地区为了推动社会工作服务和机构的发展，有制定相关政策措施和配置相应的职能部门进行引导，但在实际支持力度上还是显得比较薄弱。调研中，只有部分机构认为政府支持力度非常大，主要表现在资金保障和场地提供上，50%以上的机构表示政府在态度上的支持多过实际的扶持举措，还有部分机构表示政府对机构发展并没有明确态度。政府扶持力度不够，缺乏相关政策配套。首先，在项目购买力度上，佛山各区政府对购买社会工作服务的整体性安排还比较欠缺，推出项目并不多，且以小项目为主，投入不大，政府购买服务的延续性也不是很确定。在经济欠发达的三水和高明，政府购买力度则更小，以三水为例，2013年全年只有3个政府项目招标，金额都在十几万元。这对于当前机构主要依靠政府购买服务的发展阶段来说是很不利的。另外，社工组织对政府依赖程度较高、缺乏可持续发展的潜力和动力。政府投入经费少与其要求的服务指标仍有一定差距，对机构的发展也是个不小的挑战。其次，在相关政策配套特别是在税收政策上不配套。既缺少对机构的税收优惠政策和对社工人才的生存保障政策，更缺乏对非营利性组织的优惠政策：社工机构要缴纳跟普通企业同等的税费，在本来就资金不足的情况下，无疑会加重机构负担。佛山目前给予机构税收减免的只有南海区。社工生存保障政策的缺乏，则造成机构人才的缺乏——招不到人或人员流动性大，佛山目前为止也还没有统一的社工薪酬制度。最后，政策的开放度上也不足，社工机构反映政府对服务项目的限制较多，特别是第一年服务的开展，容易打击机构的积极性。同时，大多数社工组织要么不存在固定的办公场所，要么现有的办公场所由政府部门提供，如乐天伦居家养老服务中心等。

另外，机构所在地居民和相关组织（如居委会）对机构及服务情况了解不足，造成对机构认同度不高。调研结果显示，50%的社工服务机构表示当地居民对机构有一定程度的了解，但不知道其具体服务情况，30%的机构表示居民对机构及其服务都不了解，只有20%的机构表示居民对机构和服务都有所了解。由于社会对社工服务机构的情况了解不多，且服务见效缓慢，导致大众对社工的"公益性""无偿性"服务存在怀疑。有机构表示，当社工进社区提供服务时，有人甚至认为他们是查户口或传销人员，与居民建立关系的难度较大。大众对机构认同度低、认知不足的一个主要因素是宣传不到位。这种宣传需要服务地区政府或项目购买方等相关部门的配合，仅仅依靠机构自身力量，在经费和人手都极其有限的情况下，宣传是很难进行的。如果机构在服务过程中花费大量人力和时间进行推广宣传，就不能集中精力专注于专业服务，也不得不压缩时间完成服务指标，服务质量难以保障。同时，佛山地区地域广阔，很多机构都在街镇层面提供服务，中心覆盖面广，人手不足，宣传不到位，加大了服务提供的难度和压力。与此同时，社工的职业认同度低，当被问及是否同意"目前佛山的社工已经得到了充分的地位、尊重和认同感"时，45.76%的社工觉得一般，有38%的社工表示并不同意这一说法。在新加坡、美国、英国、中国香港等国家和地区，社工是一份很值得自豪的职业，具有很高的职业声望和社会地位，被誉为"社会工程师""社会治疗师"，但是在佛山，很多居民甚至是服务对象都将社工等同于义工、志愿者看待，或者认为社工做的事情都是一些鸡毛蒜皮的杂事，甚至还有部分群众存在对社工的误解和歧视。由于社会认同度较低，致使一些社工感到尴尬和失落乃至转行。究其原因，社会公众甚至是社工本身目前还普遍缺乏对社会工作的基本认识以及对社会工作未曾建立起普遍的职业信任和社会认同。

第二，地区发展不平衡。除了以上反映的情况外，由于地域广阔，佛山市社工服务机构的发展还具有地区发展的不平衡性，主要表现在区与区之间、区内各个街镇之间的发展不平衡。首先在地区之间，由于三水和高明两区地处偏远，经济发展水平较低，其社会工作服务和机构的发展不论在时间还是机构数量上都明显落后于南海、禅城和顺德三区，在政府投入和支持资源上也远远不足。其次在区内各街镇之间，由于地域和各基层领导对社会工作服务发展认识不一致的原因，也导致机构发展不平衡，往往是各区的中心街镇率先发展，边缘地带发展缓慢。

四、社区服务的种类

社区服务的类别在中美之间也存在较大差距。美国的社区种类繁多，以社区养老服务的提供方式为例，包括建立老年公寓或老年聚集住宅、退休社区、老年人护理院（24小时照顾）、专门的老年人食堂；提供居家生活、日托照料、阿尔茨海默病老人院、老年活动社区、临终关怀、暂缓照料等；老年活动中心即老年大学，为老人（65岁以上）提供免费进修服务；为有能力的老人提供就业机会；由社区志愿者和老龄委员会提供面对老年人的社会保险、私人医疗保险，社区服务机构的工作人员以及志愿服务人员等为社区发展提供丰富资源。而佛山社区的服务内容则相对单一，虽然已初步形成以设施服务、定点服务和上门服务为主要形式，以日常生活照料、医疗保健、心理保健、文化娱乐等为主要内容的社区养老服务格局。但是从总体上看，社区养老服务的社会化服务水平仍然很低，发展很不平衡。另外，专业水平低。基于对佛山38家养老机构服务人员进行随机抽样调查，护理人员平均受教育程度在小学以下的有4间，占10.53%；护理人员平均受教育程度在初中的有28间，占73.68%，护理人员平均受教育程度在高中的有6间，占15.79%，大学以上为0。目前的社会工作专业毕业生在价值理念、理论和实务能力以及综合素质等方面都存在明显不足，甚至有越来越多的非专业人员进入社工队伍，这些都导致在服务开展及服务成效上无法达到政府和社会的期望。

第四节 小 结

长久以来，西方福利制度改革的方向是减轻国家的负担、走向福利多元化，强化个人、社区、市场的责任。但我国却有着与之不同的改革背景与逻辑，由于长期以来国家和政府在福利责任承担上不够，因此突出国家和政府的责任仍然是当前中国社会福利制度建设和改革的核心。经济社会结构的变迁必然要求国家和政府承担福利供给者和制度建设推动者的角色和责任。长期以来，我国国家和政府福利责任不足不仅表现在民生财政投入低等方面，也表现在相关制度的设计与建设滞后等方面。例如，在老龄化趋势下无疑需要强调家庭养老等方面的功能，但许多制度与政策实践却对家庭功能的发挥形成制度性破坏与抑制，如户籍制度和农民工制度，使得许多家庭处于分离状态，家庭的照料、养老功能发挥的条件几乎丧失，农村留守儿童、留守老人、留守妇女等现象已成为影响长远的社会问题。

从社区福利服务问题产生的角度看，导致我国社区福利滞后的原因在于制度。蒂特马斯（Richard Titmuss）按照国家、家庭、市场三者的关系将社区福利体系划分为三种：制度型/化福利体系、产业型福利体系、剩余型福利体系。制度型/化福利体系社会需求被给予优先权，国家通过再分配减少社会的不平等。产业型福利体系首先关心的是经济效率，国家根据生产效率满足需求。剩余型福利体系国家只对市场和家庭不能满足的需求进行干预，因此，政府在社会公共服务上的开支大部分是通过预算外的社会救助和转移支付的形式花掉的，而这种非制度性使用不仅增加了社区福利服务的随意性、非规范性也使受惠人明显有恩赐感。而我国主要采用剩余型模式，即当市场和家庭的供应渠道失灵时，政府才发挥紧急救助功能，这就意味着政府部门最终发挥的是"安全网"的作用，这也需要市场与社会力量在公共领域承担得更多。

基于社区照顾的中美样本，可以总结出我国在探索社区福利服务过程中应当注意的两个方向：一是政府责任的明晰化。在社区福利服务中，社会力量的参与是重要的，但它不能取代政府的职能。由于我国关于城市社区管理的法律《城市街道办事处组织条例》和《中华人民共和国城市居民委员会组织法》制定时间较早，未对社区居民委员会的组织、结构、职能做出具体规定,也没有对社区多元治理主体的职责范围即彼此之间的关系做出规定,导致主体间角色模糊,职能交叉重叠,无形中加大了社区福利服务的交易成本,降低了社区福利服务的效率。因此,明晰政府责任,通过顶层制度设计,规范的制度安排明晰行政权、自治权和私权的界限,优化和提升居委会在社区福利服务输送过程中的角色路径。二是社会组织的培育和发展。就国家层面而言,社会组织的培育更多侧重财税政策的基础性和导向性作用,同时招慈引善。对于一些尚无合适社工机构对接但又确实需要政府下放的职能,则可通过引进国内外知名的有信誉的社会组织的理念,学习其行业规范、统一服务标准,带动本土社会组织的发展,做出自己的特色和品牌,提升社区福利服务发展的整体质量。

第四章
构建社区共同体的自治体系：
基层治理的佛山样本

党的十八大以来，我国努力推动社会治理理念由传统"管理"向现代"治理"转变，在提倡社区自治的基础上强化党建的引领作用，重视夯实基层治理对我国社会经济发展的关键性作用。对此，社区治理成为国家治理和社会治理的重要基础，需要以有效的基层治理作为保障，为社区总体的发展提供良好的环境。对此，我国不少地区都在探索创新社区治理方式，并以激发居民等多元主体参与社区发展的建设为着力点，也就是通过探索社区共同体自治体系的发展方向实现参与公共治理的主体多元化，构建政府、社区组织、居民等主体参与其中的联动主体协作网络，夯实社区一级的治理，打造共建共治共享的社会治理格局，为社区共同体的发展创造条件。

本章选取佛山市基层治理探索的典型案例，研究如何通过创新社区治理方式推动社区的发展。第一节通过对佛山市"村改居"社区治理的探索研究，在总结"村改居"改革特征的基础上，以顺德区伦教街道为样本，分析"村改居"过程中存在的挑战，并提出对应的解决路径选择。第二节通过研究佛山市南海区"文明村"的创建，分析南海区农村社区在发展过程中遇到的难题，并通过分析机制剖析不同主体在其中发挥的差异性作用，探讨如何构建推动社区发展的长效机制，为"文明村"的建设提供制度保障。第三节通过研究佛山市南海区大沥镇的网格化治理，分析网格化作为公共治理的方式如何在大沥镇落地，并从社区治理的各个领域讨论该方式实践的成效与障碍，为完善社区网格化治理提出政策建议。

结合佛山市社区治理的具体案例，讨论政府、社区组织、居民等参与治理的主体在目前实践中的定位与发挥的作用，并就当前基层治理的具体运作机制，剖析应当如何发挥多元主体的力量参与社区建设。

第一节　佛山市"村改居"社区治理的探索研究

"村改居"源于城市化过程中对"城中村"的改造，后扩大至经济较发达的城郊农村。从2001年开始，佛山、广州、深圳、东莞等珠三角城市先后启动了"村改居"进程。"村改居"是农村政治经济文化发展到一定程度，经济结构、村民就业方式和文化生活需求等发展到城镇水平或者接近城镇水平的条件下进行的由农村管理模式过渡到城镇社区管理模式的改革。在此探索过程中，佛山市不少村改居社区明显形成了本地户籍城市人口、原当地农村人口以及非户籍外来人口的三元社会结构。这是产生诸多社会管理问题的重要原因。如何对"村改居"这类既不同于农村社区也有别于城市社区进行治理，从而在有效地管理庞大的集体资产的基础上使农民市民化和使外来人口实现社会整合与社区融入，这不仅关系到城市化进程，关系到村居民和外来人口的政治认同和提升政权的合法性问题，还关系到社会和谐。对此，佛山市进行了初步的有效的探索，并对其经验进行总结与反思，从而推进下一阶段"村改居"的进行。

一、佛山市"村改居"社区治理的特征

随着经济、社会的发展，越来越多的地区开始了"村改居"工作，然而都不同程度地陷入了困境。作为处在改革开放前沿地的佛山，经济发展水平已经基本完成了中级工业化，进入高级工业化阶段，随着经济的发展，佛山的城乡一体化进程已经走在全省的前列，全市已经实现了城乡"七个统一"：统一了城乡户籍、统一了城乡基本医疗、统一了城乡规划、统一了城乡公共基础设施建设、统一了城乡免费义务教育、统一了城乡劳动力管理培训、统一了城乡低保标准。概括起来，佛山市"村改居"社区治理的特征可以总结为以下六个方面。

（一）政府主导性

珠三角的"村改居"进程的推进具有明显的政府主导性。2001年在

佛山顺德首先拉开序幕，并在此基础上，2002年2月21日广东省人民政府办公厅颁发了《广东省城市基层管理体制改革工作实施方案》，从而全面启动了珠三角"村改居"的进程。在中共佛山市委、市政府出台了《关于加快农村工业化、城镇化和农业产业化建设的决定》后，又制定了九个配套文件，从户籍管理、土地征用、社会保障、农村富余劳动力培训和就业，以及农业产业化发展等方面进行了政策细化。根据这些政策，从2004年7月1日起，佛山164万农民从农民户口转为城镇居民户口，并逐步享受城镇居民同等的基本福利。

（二）封闭性

一是资本的封闭性。"村改居"社区居民的生活基本上集中在原村落的空间内，世世代代的家族、宗族、乡里乡亲等传统关系还在起着主导作用，社区还处于"半熟人社会"状态。多数村（居）"两委"班子成员和村（居）民，普遍存有"不能让外来户占了便宜"的思想，从感情上不接受"外来户"，不允许他们分享"祖辈留下的土地"和村（居）集体积累资产。二是文化的封闭性。原村（居）民同居一地，世代相邻，形成了相对独立的村（居）文化，这种狭小范围内的文化观念往往具有排他性，外迁人口在短时间内很难融入。同时由于没有形成分散的单位独立分割和流动性较强的城市社区，从"村改居"社区的区域范围、社会关系、社区利益相关程度、社区政治参与来看，村民自治的实现条件基本没变。

（三）治理对象的复杂性

"村改居"治理对象即社区内的人员居住情况相当复杂，除了居住着原来的村民，还有一些商品房的住户以及大量租住在居民房中的流动人员。有些社区内居住的流动人口总数已经数倍于本地村民。而且社区人员的异质性和复杂性增大，有本地人员，也有外地人员；有相对稳定的，也有短时暂住的；有经商务工人员，也有闲散的社会人员。复杂的人口构成情况，使得社会治安、环境卫生管理等方面的难度大大增加。

（四）"村改居"的含义模糊性

根据广东省《关于推进城镇化的若干政策意见》规定，凡实行"村改居"的社区，原村民整体转为城镇居民，原集体土地经征用后转为国有土地。户籍性质和土地所有制性质的转变，是"村改居"最具实质性意义的两点。只有实现了这两项转变，才算是完成真正意义上的"村改居"。然而，由于涉及的利益关系重大，一些地方政府对这两个最为敏感的问题采取了模糊化的处理方式，并未在实施细则中予以明确规定。

（五）公共服务、公共福利的社区性

"村改居"进程困难重重，难以取得实质性进展的一个主要原因，在于它是涉及城乡之间、城城之间，以及各级政府部门之间的利益调整和重组，是一个复杂曲折的利益博弈过程。有学者指出："在户籍制度的硬壳打破之后，城乡之间、城城之间的各种利益关系悉数暴露出来了。在破除旧的社会不平等的同时，也出现了新的不平等。"由于国家在乡村公共基础设施和公共服务方面长期缺位，当前珠三角乡村居民所享受的公共基础设施和社会福利保障，基本上是由当地的村集体，甚至是村居小组提供的。这必然导致城乡不平衡及村居之间的不平衡，政府在没有投入的情况下，却试图无偿地拥有这些建设成果，使之公共化，必然会遭到基层乡村政权和民众的抵制。

（六）不平衡性

由于地理位置不同、地区经济发展不平衡，使得村小组与村小组之间、行政村与行政村之间、镇与镇之间的发展仍存在一定差距。例如，在佛山南海区，富的行政村集体年收入超过1亿，穷的还不到3万，如果通过城市化实现"城乡统筹"，虽然会在一定程度上拉平村居之间的经济差距，但那些相对富裕的村（居）因利益受损而反对城市化。村（组）掌握着大部分农村集体土地，会使土地要素资源流转受到限制，致使招商引资只能小规模、小范围进行。这必然与发展新兴产业、构建现代产业体系需要统筹规划、集约经营的趋势产生矛盾。

二、伦教街道"村改居"社区的现状

作为在珠三角率先开始"村改居"改革的佛山市顺德区，其探索的时间较长，整体社会经济发展水平较高，为"村改居"探索提供了更丰富的资源，因此在"村改居"上的政策和遇到的问题也更具有代表性。为此，本研究在进行问卷调查的基础上，以顺德区伦教街道作为具体观察分析的样本。

第四章
构建社区共同体的自治体系：基层治理的佛山样本

伦教地处珠江三角洲腹地，与广州市番禺区一水之隔，是顺德百万人口中心城区的组成部分，总面积59.2平方千米，常住人口7.8万人，外来流动人口约7.8万人，辖下有10个村（居）。水陆交通网络完善是伦教的一大特点。北靠顺德水道，广珠西线、105国道、碧桂路、龙洲路等多条快速主干线，结合近十年修建的100多公里的大小道路，形成一个完善的陆上交通网络。2007年实现本地生产总值80亿元，工农业总产值333亿元，其中工业总产值315亿元、农业总产值18亿元，出口总额209.16亿元，税收收入6.94亿元，财政可支配收入2.9亿元。2006—2007年，先后获得"中国木工机械重镇""中国玻璃机械重镇"称号。

伦教现下辖2个居委会、8个村委会，其中常教社区居委会是2001年由新民村民委员会、北海村民委员会和伦教居民委员会合并而成（顺民复〔2001〕57号《关于同意撤销新民、北海村委会和伦教居委会设置常教居委会的批复》），属"村改居"；三洲社区居委会是1991年由大南、大东、乌洲管理区办事处和大洲街道办事处合并而成（顺府复〔1992〕47号《关于伦教镇大南、大东、乌洲管理区办事处和大洲街道办事处合并的批复》），属"村并居"（一般统称为"村改居"）。伦教现有常住人口7.8万人，其中城镇居民4.5万人（包括2004年7月1日佛山市户籍统一登记"佛山居民户口"，社区中由原农民全部转为城镇居民的1.6万人），农村居民3.3万人。这些新成立的社区与城市成熟社区相比，具有以下四种典型的转型期特征。

（一）观念的相对滞后性

"村改居"后，农民在身份定位上已属于城镇居民，但由于长期受农村生活方式和生活习性的影响，社区内的居民仍保留比较浓的农民意识，绝大多数村只是名称变了，社区干部、社区居民以及周围群众的认知感基本上仍停留在原来的行政村。例如，不少村民仍习惯性地称呼居委会主任为"村长"，称社区为"我们村"。大部分受访者不知道"村改居"的情况；同时，他们对村委会和居委会的区别表示不清楚，90%的受访者表示不愿意将村委会改为居委会。不少社区干部习惯于原先的农村工作方法，更有部分社区干部存在片面认识，认为"村改居"对他们来说，跟原来没有什么大的分别，不同的只是挂着的牌子从"村委会"换成了"居委会"，而运作方式仍然照旧，平时的工作安排、落实，重大事情的决策等，还都依照原来的办法通过"两委"讨论进行。

(二) 经济的相对独立性

"村改居"社区的转型是城市化推进的结果,由土地征用带来的高额补偿金让这些原来的农村甚至穷乡僻壤一夜之间成为"大富翁之地",这些社区均有总量规模各不相同的集体资产,人均从几千元到几十万元不等,有的净资产超过亿元。这些集体资产大多以房产、地产为主,每年收入完全可以满足社区正常运行的开支和社区干部的工资开支,经济基本上相对独立,一般不需要依靠财政拨款来维持。"村改居"后村集体所有的资产所有权性质不变,仍为集体所有,这是"村改居"社区的福利主源泉和利益关联点。所以,虽说"村改居"社区挂牌子、组班子已有几年,但无论是当地居民,还是社区班子成员,都未真正转变观念,脱离"村"的烙印。多数社区仍旧把发展经济作为第一要务,而忽略了社区文化等基本功能建设,其中表现最为突出的现象是黄、赌、毒等丑恶现象越来越盛。

(三) 依然具有很明显的村民自治特性

不少行政村由于建设的需要,常常在短时间内,村民委员会的牌子被换成居民委员会,村民身份被改为市民,乡村被划为城区。但是,这并不意味着社区民主自治机制也自然而然地完成由村民自治向"居民自治"的转变。这些"村改居"的社区,居民的生活基本上集中在原村落的空间内,世世代代的家族、宗族、乡里乡亲等传统关系还在起着主导作用,社区还处于"半熟人社会"状态。多数村(居)"两委"班子成员和村(居)民,普遍存有"不能让外来户占了便宜"的思想,从感情上不接受"外来户",不允许他们分享"祖辈留下的土地"和村(居)集体积累资产,对"外来户"存在明显的排斥心理。调查发现,不愿意外地人参加居委会选举的占43.40%,愿意的占21.60%,无所谓的占35%。原村(居)民同居一地,世代相邻,形成了相对独立的村(居)文化,这种狭小范围内的文化观念往往具有排他性,使外迁人口在短时间内很难融入。由于没有形成分散的单位独立分割和流动性较强的城市社区,从"村改居"社区的区域范围、社会关系、社区利益相关程度、社区政治参与来看,村民自治的实现条件基本没变。

(四) 社区自治管理的复杂性

城市社区是各类机关、学校、企事业单位的集中区域，可以为社区建设提供丰富的资源支撑，相比之下"村改居"社区由于特定的区域位置限制，社区共建资源明显不足。"村改居"社区内的人员居住情况相当复杂，除了居住着原来的村民，还有一些商品房的住户以及大量租居在居民家中的流动人员。有些社区内居住的流动人口已经数倍于原来的村民。而且社区人员的异质性和复杂性增大，有本地人员，也有外地人员；有相对稳定的，也有短时暂住的；有经商务工人员，也有闲散的社会人员。复杂的人口构成情况，使得社会治安、环境卫生管理等方面的难度大大增加。

三、"村改居"社区自治面临的挑战

由于"村改居"社区存在以上这些转型期特性，所以当前在自治上也面临着诸多挑战，主要表现在以下五个方面。

（一）农民对城市化的抗拒

这一方面是随着改革开放的深入，附着在户籍制度方面的就业、教育、住房和社会保障等方面的社会管理功能弱化，转为城镇户口的经济收益在日益降低。另一方面农村集体经济的发展为这些地方的农民提供的社会福利往往高于目前城镇居民所享受的福利待遇（见表4-1）；加上由于其自身的文化素质不高，往往很难在市场经济中处于有利地位，因此，他们对实施城市化有抗拒心理。

表4-1 农村居民与城镇居民在福利待遇上的不同点

项目		农村居民	城镇居民	政策依据
计划生育	处罚	伦教征收社会抚养费金额按农民人均纯收入为基数，按2007年的标准，农村居民单方罚44412元	征收社会抚养费金额按城镇居民人均可支配收入为基数，城镇居民单方罚78018元（全区统一标准）	《广东省人口与计划生育条例》《关于社区居委中原农业人口违法生育社会抚养费计征标准问题的复函》（佛人口计生函字〔2004〕15号）

续表 4-1

项目		农村居民	城镇居民	政策依据
计划生育	生育	生育第一个子女是女孩的，安排第二胎指标	"村改居"（即常教）时夫妻双方均为农业人口，在 2004 年 7 月 1 日前只生育一个子女是女孩的，可在 2009 年 8 月 31 日前按有关规定再生育一个子女。2009 年 9 月 1 日起，执行城镇居民的生育政策。"村并居"（即三洲）时夫妻双方均为农业人口，在 2004 年 7 月前只生育一个子女是女孩的，可在 2009 年 6 月 30 前按规定再生育一个子女。2009 年 7 月 1 日起，执行城镇居民的生育政策	《广东省人口与计划生育条例》、关于《广东省人口与计划生育条例》实施前村委会改居委会有关生育政策和户籍管理措施意见的批复（顺府办复〔2003〕77 号）、《批转区人口和计划生育局〈关于户籍制度改革后生育政策的请示〉》（顺府办发〔2004〕101 号）、《关于明确城市化期间生育期限问题的复函》（粤计生委函〔2003〕124 号）
	奖励	发放农村独生子女或纯二女户家庭奖励，每人每月 80 元	四年过渡期满后，取消发放（如三洲，2008 年 8 月起停止发放奖励）	《广东省人口与计划生育条例》《关于明确城市化期间生育期限问题的复函》（粤计生委函〔2003〕124 号）
	教育	对父母双方户口均登记在我市农村村委会并依法领取《独生子女父母光荣证》的独生子女，或父母双方户口均登记在我市农村村委会的纯二女户的女孩，在初中应届毕业并参加当年中考者降 5 分录取	四年过渡期满后，取消降 5 分录取优惠	《关于印发佛山市 2007 年高中阶段学校招生考试工作意见的通知》（佛教考〔2006〕31 号）、《关于我市农村独生子女和纯二女户女孩参加高中阶段学校招生考试给予照顾录取的实施意见》（佛人口计〔2007〕49 号）

续表 4-1

项目	农村居民	城镇居民	政策依据
民政	2008 年农村五保户供养标准每人每月 500 元	2008 年城镇孤寡供养标准每人每月 320 元	《顺德区城乡居民最低生活保障制度实施办法》、《关于核定 2008 年五保供养标准和追加供养经费的复函》（顺府办函〔2008〕60 号）
人身损害赔偿	农村居民按照人均纯收入 5079.78 元/年、人均年生活消费支出 3885.97 元的赔偿标准计算	城镇居民按照人均可支配收入 16015 元/年、人均消费性支出 12432 元的赔偿标准计算	《最高人民法院关于审理人身损害赔偿案件适用法律若干问题的解释》（法释〔2003〕20 号）
武装	新兵入伍条件为初中文化程度	入伍条件必须为高中文化程度	

（二）"村改居"集体经济经营体制存在欠缺

顺德区从 1993 年开始全面实施的股份合作制改革，为社区合作经济组织规模的扩大，社区合作经济组织内部产权关系的明晰，生产要素配置的优化，利益分配机制的建立创造了条件。然而，随着市场经济的深入发展，原来的股份合作制内在的制度缺陷也逐渐显现：一是股份合作企业产权安排的社区封闭性，产权的转让并没有实现市场化、商品化。由于股份合作社的股权配置实行生不用买、死不用退，既不能转让也不能继承的制度，不仅不利于股份合作社的经济发展，而且不利于改变农民对集体经济的直接依赖，在很大程度上阻碍了农业人口的正常流动，阻碍了农村城市化进程。二是一些村民过分依赖股份社每年的股份分红，不务正业，游手好闲，有的甚至参与赌博、吸毒，成为名副其实的"二世主"。三是一些股份社财务透明度度不高，存在村干部利用其集体资产管理者的身份进行"暗箱操作"，严重损害股东合法的经济权益，个别股份合作社为增加收入而搞风险性投资或高息外借，导致相当一部分资金无法收回，更使矛盾日趋激化。在此需要特别指出的是，"村改居"社区往往没有真正纳入城市建设和管理体系中来，虽然政府下拨的社区经费逐年增加，但社区管理费用及基础建设等公共费用主要仍由原村集体经济改制后的股份经济合作社承担。比如作为"村改居"的试点，顺德区在集体经济改制进程中曾先行一步，将股份合作经济组织进一步转制为集体经济管理有限公司，实行公司化运作。由于转制的公司既要按照公司法要求，上缴各种税费，同时又要承担绝大部分的社区公共事务管理和公益事业发展费用，因此公司运营不堪重负，经济效益明显下降。后在改制的居委会的强烈要求下，顺德区的集体经济管理有限公司又退回到农村股份合作经济组织，按原农村集体经济组织性质运行。由于"村改居"后仍然由原农村集体经济组织负担绝大部分的公共事务管理和公益事业发展费用，因此，改制后的股份合作经济组织的经济负担十分沉重。例如2007年，伦教村、组两级负担的公共事务管理和公益事业发展费用总额分别为：一般公共服务4277.58万元、国防45.38万元、教育支出9800万元、文化教育与传媒412.82万元、社会保障和就业1127.25万元、医疗卫生168.76万元、环境保护28.5万元、公共安全1604.3万元、城乡社区事务7602.88万元，沉重的公共事务管理和公益事业发展费用严重制约了社区股份合作经济组织的快速发展。

（三）社区自治的难度明显增强

由于社区自治面临人员流动性增强、观念意识不统一、社区凝聚力不强等转型期特征的复杂局面，目前"村改居"社区自治还无法有效整合全部资源和人力，自治难度明显增强。这主要源于居住在这些社区人员的自发性、无序性以及数量的庞大，同时随着城市化的推进以及大量外来人员的涌入和聚居，村落的传统格局开始受到冲击和影响。受利益的驱动，严重的超标违章建设行为、良莠不齐的建设质量、居住空间的超负荷使用，尤其是那些沿街搭建的简易用房，外观简陋和分布随意，不但挤占了有限的绿地、院落和道路，还严重地破坏了社区的空间布局和景观环境。社区基础设施和公共配套服务设施的后天匮乏和难以承载，这都使社区管理和服务工作处于相当严重的艰难和缺位状态。

（四）社区公共服务职能亟待增强

对照成熟的城市社区，"村改居"社区的公共事务服务能力还有许多差距，这在一定程度上源于"村改居"社区在经济上的相对独立性带来的经济发展压力所致。由于"村改居"后仍然由原农村集体经济组织负担绝大部分的公共事务管理和公益事业发展费用，这使社区面临较大的经济压力，不得不把发展经济放在一个很重要的位置，一方面使得社区构建组织体系时就要有一个社区经济的直接管理者——村股份经济合作社组织，其与社区组织两位一体的组织形式虽然在过渡阶段有利于村级经济对社区组织的支持，但也很容易导致社区对经济的整体运行形成包办，两者职责不清，在一定程度上不利于形成社企分开的良性社区组织体系。另一方面有可能影响社区服务这一核心功能的发挥，社区组织工作的定位也可能发生异化。此外，这种公共支出机制，也导致"村改居"社区在社区公共事务的自治上出现两极分化，集体经济实力强的社区，因有充足的经费，就能为居民提供比较完善的社区公共服务和进行社区社会事务的自治。相反，社区公共事务则往往陷于管理"真空"，如三水区的布心村，村民在1992年变成城市居民，之后的16年，布心村出现了发展停滞的现象：社区没有一条水泥路，村民没建一栋新楼，没一个公共电话亭，没有一盏路灯，没有任何污水处理设施。而且，"村改居"社区的日常管理往往沿用旧体制模式，依然要承担包括党建、人武、计生、综治、医疗、土地等多方面工作，因社区人力、物力有限，社区服务反而严重不到位。

四、"村改居"探索的制度突破和路径选择

（一）明确保障各方的权利

第一，确保村民对集体资产的权属关系不变。不提倡对集体资产采取一次性处置的模式，这种模式处理难度较大，不利于保证改制后居民的收入，从而不利于社会稳定。"村改居"过程中，应保证改制后农村集体资产的权属关系不变，即原农村所有资产，包括经营性资产、非经营性资产、资源性资产的产权，未实行股份制改造的，归原村民集体所有；已实行股份制改造的，归享有农村集体经济分配权的原村民集体所有，村民按股分红。保障农民对集体资产的所有权和收益权不变，在社会保障体系尚未完善之前，这是保障改制后居民基本生活的关键。

第二，确保农民对土地的承包经营权不变。土地制度改革是"村改居"过程中既敏感又关键的问题，关于土地制度改革的讨论，主要集中在土地的所有制性质是否发生改变上。笔者认为由于当前农村社会保障制度尚未全面建立，土地实质上承担着社会保障的功能。实现村委会到居委会

的转变，有必要进行土地所有制的改革，把集体土地转为国有，实现与城市土地制度的对接，但同时也须保证农民的利益不受侵害。因此，首先，必须明确土地的产权所属。农村土地产权可分解为集体所有权和家庭承包经营权，家庭承包经营权又包括占用权、使用权、收益权、处分权等。"村改居"过程中，应保证农民的承包经营权不变，即农民对土地的使用权和收益权不被剥夺；同时，维持土地用途不变，因国家建设需要转为建设用地时，按征地标准给予补偿。其次，必须合理分配征地获得的土地补偿费和安置补助费，明确界定征地补偿的受益主体。国家有关统计资料显示，土地收益分配中，农民只得5%～10%，村一级得25%～30%，政府及部门得60%～70%。作为土地使用者的农民，所得的补偿明显偏低。"村改居"后，村内剩余的土地转为国有，由集体经济组织统一经营管理，所取得的收益应由全体股民按股分享。同时在征地过程中，适当提留建设用地，为集体经济提供发展空间。

第三，明确公共管理的主体以及费用来源。"村改居"后成立的社区居委会必须加强社区建设，改制后原农村的市政基础设施建设和管理应纳入市政统一管理范围。但由于这些费用开支过于庞大，政府财政不可能一下子承担全部管护经费。因而在"村改居"的实践中，为使"村改居"平稳过渡、减轻政府负担，往往维持社会公共事务的管理主体、管理范围和资金投入渠道不变，社区建设和管理经费大部分仍然要从村级集体经济和集体股收益中支付。对于这一问题，要考虑现实的困难，制订明确的计划，逐步加大公共财政对公共服务的投入，减轻集体经济组织的负担，直至完全脱离对集体经济的依赖，使集体经济组织真正成为独立自主的市场经济主体。

第四，保障基层干部的福利待遇。一是保证基层干部的平稳过渡。基层自治组织的干部转为居委会干部后，虽然职能、职责有所区别，但民选的性质并没有变，因此两委成员可以直接过渡，待任期届满再进行重新选举，这样既可以消除村干部的忧虑，保证平稳过渡，也节约了资源。二是在保证基层干部工作福利的同时，规范其收入。作为村委会干部的时候，村集体经济补贴数额巨大，然而实际上很多是灰色收入。转制过程中，对基层干部收入进行规范，由政府统一补贴，同时村集体提供适当的奖金性质的补贴，体现不同地区经济发展的差异，也作为对基层干部一种激励措施。

此外，在计划生育政策上，在逐步向城市标准靠拢的同时，要给原村民一个缓冲时间和心理适应期，已经享受计划生育奖励政策的原农村居民，在"村改居"后继续享受。还有其他如环境卫生、学校管理、治安等琐碎而又不得不重视的问题，都有待进行深入探讨，寻找恰当的解决办法，协调好各方的利益需要。

（二）建立有利于"村改居"的制度和政策环境

目前"村改居"在推行过程中，往往碰到制度障碍，使"村改居"举步维艰。理顺集体经济组织和村委会的关系，完善就业服务体系，建立城乡统筹的保障制度，制定具体可行的"村改居"措施，为"村改居"创造制度和政策环境，具体可以从下面两个方面来进行。

第一，理顺集体资产和集体土地的产权关系。集体资产和集体土地的产权是"村改居"的主要难点所在，是改革的主要障碍。之所以出现这一问题，很大程度上是农村的集体资产和集体土地的产权不明晰，这一模糊性在"村改居"的过程中凸显出来，并阻碍了改革的进一步发展。因此，必须理顺集体资产和集体土地的产权关系，以及集体经济组织和村委会的关系，为"村改居"创造条件。另外，在宅基地问题上，可以借鉴顺德的做法，对原有的宅基地及建筑物进行清查，合法的宅基地及建筑按有关规定换发《中华人民共和国不动产权证书》，固化村民宅基地；一次性固化村民住宅建设用地指标并具体到人，指标不随人口的增加而增加。从而消除"村改居"所遇到的房产权属问题。

第二，完善就业服务体系。"村改居"要彻底切断原村民对土地的依赖，必须解决原村民的就业问题。政府除了给失地农民以适当的经济赔偿，鼓励其自谋出路，还应积极帮助他们实现职业的转变，使其真正成为城市的一员，建立和完善失地农民的就业服务体系。一是建立劳动就业服务机构，发挥中介机构的职业介绍作用，进一步完善劳动力市场，健全包括就业信息、咨询、职业介绍、培训在内的"一条龙"社会化就业服务体系，逐步完善就业服务信息网络。二是做好失地农民的求职登记。为失地农民跨地区流动就业提供信息引导和就业服务，使城乡劳动力合理有序流动。三是政府要加强与企业沟通，通过政策优惠等方式，引导本地企业为原村民提供更丰富多元的就业机会，使得原村民能够实现从"农民"到"居民"的身份转变。

（三）推动政府职能社会化，从根本上减轻政府负担

资金问题是政府在"村改居"过程中面临的根本性制约因素。根据规定，农村变为社区、村委会变为社区居委会后，市政管理、教育、社会保障等费用应由政府承担。资金短缺是"村改居"面临的普遍难题，庞大的管理费用和紧张的财政资金，把"村改居"局限在小范围内。政府财政负担过重的一个重要原因是，目前政府承担了大部分社区建设和管理的职能；同时"农改居"在资金投入上普遍缺乏有效的投入机制而过于依赖政府，导致资金严重不足。减轻"村改居"过程中政府的负担，促进改制的顺利开展，必须推动政府职能社会化，进行简政放权，把一些政府不应该做也无法做好的事务交给社会，借助市场力量和非政府组织的力量完成。

首先是政府职能市场化。在"村改居"过程中，可以把社区服务从政府包揽的社会福利体制中分离出来，使之成为第三产业的重要组成部分。或者建立准公用品的"使用者付费"制度，通过经营性与服务性相结合的办法来解决经费投入不足的问题。把社区服务项目推向市场，逐步建立社会效益为主，兼顾经济效益的社区服务产业化发展机制。其次是培育非政府组织。通过发展社会自治力量，把政府部分公共事务管理职能转移出去，减轻政府在"村改居"后的负担。

此外，进行投入机制创新，拓宽资金吸纳渠道。社区现有的资金来源主要依靠政府拨款，投入机制和资金吸纳渠道过于狭窄，造成社区建设资金匮乏，因而必须对社区建设的投入机制和资金吸纳渠道进行创新。一方面加大对社区的财政投入，另一方面开辟政府财政拨款之外的资金来源，充分运用各种社区资源，如鼓励社会捐赠、组织志愿者服务、运用市场力量等。改革社区的投融资体制，增加投融资渠道，引导各类投资主体参与社区的开发建设，吸引先富起来的农民投资，保证社区建设的同时，使投资者有利可图。通过投资机制的创新，缓解"村改居"过程中政府的财政压力。

第二节　佛山市南海区"文明村"创建长效机制研究

在"村改居"探索的过程中，作为改革的先锋，南海区在"文明村"建设的系统工程中积极探索，在总结问题的基础上归纳经验，并通过联动多元主体构建"文明村"的长效机制。本节结合对南海区"文明村"的研究，对南海区的探索经验进行有效总结。

一、概述

（一）南海区"文明村"创建长效机制构建的战略意义

"文明村"的创建是一项综合的、系统的大工程，涉及社会管理、社会服务、环境改善、经济发展、社会风气、精神文化生活等方方面面，它是当前我国新农村建设的重要内容之一，对实现把农村建设成为经济繁荣、设施完善、环境优美、文明和谐的社会主义新农村的目标具有重要的战略意义。南海区自2007年启动"千村和谐文明村"以来，村容村貌有了明显改善，农村环境不断优化，公共文化和基础设施建设大幅加强，社会管理服务水平得到了提高。至"十二五"末，南海区涌现了一批"全国文明村""广东省文明村"和"佛山市文明村"，"文明村"建设取得了丰硕的成果。但是总结当前南海区的"文明村"创建工作，也存在一些亟待解决的问题，如创建机制不健全、创建目标不够明晰、创建意识不强、平台建设不够充足、部门联动、条块互动、统筹协调还显不足，等等。要解决这些工作中的问题，持续高效地推进"文明村"的创建工作，构建"文明村"创建的长效机制就显得十分必要。

2016年是南海区"十三五"的开局之年，也是南海区深入贯彻落实创新驱动战略的关键一年。在新的形势下，如何保持和巩固"文明村"创建的成果，进一步深化"文明村"创建工作，成为摆在中共南海区委、区政府面前的一项重要课题。在此背景下，南海区文明办于2016年年初，联合佛山科学技术学院组成专项课题组，通过对南海区所辖各镇街进行全面的实地调研，旨在了解全区各村居的文明情况和文明程度，分析各村（居）在文明创建活动中存在的问题及制约因素，有针对性地提出构建南海区"文明村"创建工作长效机制的方案,为提高"文明村"评议的科学性和有效性提供数据参考和智力支撑,为推动南海区新一轮"文明村"创建活动注入新的动力、提供更多的思路和对策,并最终推动"文明村"创建工作不断深化和持续发展。

(二) 南海区"文明村"创建长效机制构建的现实基础

2003年1月8日南海撤市设区,目前是佛山市五个行政辖区之一,区政府驻地在桂城,下辖桂城1个街道和里水、大沥、狮山、丹灶、西樵、九江6个镇,共67个村委会、182个居委会,202个村。南海区面积为1073.82平方千米,2015年年末的户籍人口为128万人,常住人口为268.68万人。从2007年7月南海区开启"千村和谐文明村"创建工作以来,至今已有十余年时间,其间通过多个部门联动,全区还开展了平安村、健康村、卫生村、安全社区、体育强村、文化古村等的创建工作,这些极大地推进了"文明村"的建设,全区涌现出一大批各层次的"文明村"。这既表明南海区在"文明村"创建工作中取得了较为显著的业绩,同时也意味着南海区"文明村"长效机制的构建具备了一定的基础和条件。

1. 南海区"文明村"创建工作的体制机制

(1) 形成"文明村"创建工作的投入机制。中共南海区委、区政府历来重视城乡建设,不断增加对城乡建设的投入。"十二五"期间,全区财政累计投入城乡建设(城乡社区事务)方面的资金达到54.8703亿元,仅"十二五"末的2015年就投入19.2907亿元,比"十一五"末的2010年投入的6.2569亿元增加了13.0338亿元,是2010年的三倍多,增长幅度则高达208.31%。这些城乡建设资金的具体支出项目包括城乡社区的行政运行、一般行政管理事务、城管执法及其他社区管理事务、城乡社区规划与管理、小城镇基础设施建设及其他城乡社区公共设施、城乡社区环境卫生、建设市场管理与监督、其他城乡社区支出等,其中最主要的是城乡社区公共设施,其次是城乡社区管理事务。"十一五"末及"十二五"期间南海区各年财政投入城乡建设的资金情况,见表4-2。

表4-2 "十一五"末及"十二五"期间南海区各年对城乡建设的财政投入情况[①]

(单位：亿元)

财政城乡建设项目	2010年	2011年	2012年	2013年	2014年	2015年
城乡社区管理事务	—	1.8753	1.4752	1.2104	2.5609	—
城乡社区规划与管理	—	0.8963	0.5302	0.4113	0.3983	—
城乡社区公共设施	—	3.4853	3.9192	4.5888	3.3932	—
城乡社区环境卫生	—	0.9924	0.3998	0.6372	0.7992	—
建设市场管理与监督	—	0.2474	0.2783	0.5259	0.4506	—
其他城乡社区支出	—	1.6917	1.4012	1.4573	1.9542	—
城乡社区事务（合计）	6.2569	9.1884	8.0039	8.8309	9.5564	19.2907

区财政除了每年的城乡社区事务专项预算资金的投入外，还有像医疗卫生与计划生育支出、节能环保支出、交通运输支出、社会保障支出、公共安全支出、文化体育与传媒支出、农林水支出等其他项目的投入也涉及城乡建设和文明建设方面。同时，在上一轮的"文明村"创建过程中，区政府还累计投入了1000多万元的专项基金搞"文明村"创建活动，到2013年基本完成创建任务。

此外，各镇街政府也会根据每条村的建设需要和具体项目，投入一定金额的资金，用于"文明村"建设。如丹灶镇5个村每年的财政投入平均为8万~10万元，具体根据各个自然村的经济能力而定。

"文明村"建设中，由于村（居）是大家共同居住的环境，所以村民都会赞成村容村貌建设。南海区的经济发展水平较高，各村（居）普遍有分红收入。有的村（居）也会预留一部分的分红款用于村容村貌建设，如丹灶镇劳边社区的沙水村，村每年的收入为450万元左右，其中村民分红占80%，20%为预留下年开支的款项。其中的5%左右，约20万元每年投入到村容村貌的建设（具体数额要视当年开展的建设项目而定）。也有的村采取集体集资的方式来筹集所需的资金。

综观南海全区"文明村"建设的资金投入情况，可以发现，各村

---

① 数据来源：南海区财政局2010—2015年各年的财政决算，其中2015年的数据为初步统计数据。

（居）在"文明村"创建方面所需的创建经费一般由三部分组成：一是政府投资，包括区政府和镇政府两个级别的投入和补贴；二是从经济社的集体资金中提取一部分；三是集体筹资的方式。其中，政府投资和补贴占主体，经济社的集体资金提留部分和集体筹资方式则比较少。已经形成了良好的"文明村"创建的资金投入机制。

（2）构建"文明村"创建工作的宣传引导机制。南海区各部门通过各种丰富多彩的活动和形式，大力宣传精神文明与道德文化建设。例如，区文明办自2012年起，隔年举办"善美的星空"——感动南海道德人物评选活动，通过在全区范围内寻找"关爱、孝德、树本、至善"四类"善美之星"，并且编制《善美南海》书籍，总结历年道德人物及事迹，借助于传统媒体和新媒体等形式，广泛传播好人好事，宣传正能量。区文化体育局所属的南海图书馆在2013年创建了24小时自助图书馆——社区"读书驿站"，从2013年7月在南海万科金色家园试点第1个社区"读书驿站"，到2016年9月，"读书驿站"已有22个；另有31个完成选址，覆盖了南海区的全部7个镇（街），形成了居民"家门口的图书馆"，居民可以在家门口借阅图书、检索最新书籍，有力地带动了居民文化素质的提升。区文明办、区妇联连续多年联合开展的寻找"最美家庭"活动，通过宣传来自各行各业互敬互爱和谐、相互鼓励克服困境、上慈下孝平凡和睦等的家庭，弘扬崇德向善的乐观态度，感染周围民众；2016年召开首届南海区"南商教育基金"奖教奖学大会，倡导形成社会尊师重教、全面贯彻落实创新驱动发展战略，在全区范围掀起尊重知识、尊重人才、重视教育的新高潮。区文明办还依托"南海道德讲堂"平台，开展"南海好人"和道德人物"六进"巡讲巡演活动，在全区范围内营造南海发现、学习、关爱、争当好人的社会氛围。

同时，区文明办还针对特殊对象开展相关的宣传教育活动。例如，开展未成年人思想道德建设，开展"微文明·学雷锋·做一个有道德的人"宣传教育实践活动。包括开展"在家庭孝敬父母，在学校尊敬师长，在社会奉献他人"主题活动、中华经典诵读活动、爱国主义"红色之旅"活动、优秀童谣征集推广传唱活动、千人少儿书画即席挥毫大赛，开展"美德少年""文明小公民""小道德模范"等评选表彰活动等；开展绿色上网活动，净化社会文化环境；继续开展乡村学校少年宫建设，扩大乡村学校少年宫建设覆盖面，发挥乡村学校少年宫功能，加强硬件软件建设，提高场地使用率，推动未成年人思想道德建设工作；开展未成年人思想道德建设专题调研。再如，针对外来工采用专人管理的方式，侧重对卫生和消防方面的管理；同时通过多宣传、多运用宣传标语等形式，提高外来工的素质。南海区区级已开展的主要特色品牌活动见表4-3所示。

表4-3 南海区区级已开展的主要特色品牌活动

活动名称	主要活动方式	主办部门
善美的星空——感动南海道德人物评选活动	寻找"关爱、孝德、树本、至善"四类"善美之星"； 编制《善美南海》书籍； 广泛传播好人好事	区文明办
读书驿站	建设"读书驿站"	区文化体育局、区图书馆
最美家庭	寻找"最美家庭"活动，宣传来自各行各业互敬互爱和谐、相互鼓励克服困境、上慈下孝平凡和睦等家庭	区文明办、区妇联
耆情水乡·家宝乐融	为镇内55岁以上的长者及家庭，提供家宝团队建设、家宝团学堂和开展社区义工服务	区妇联
南海道德讲堂	"南海好人"和道德人物"六进"巡讲巡演活动	区文明办
南商教育基金	"南商教育基金"奖教奖学大会	南海教育发展促进会
"微文明·学雷锋·做一个有道德的人"宣传教育实践活动	"在家庭孝敬父母、在学校尊敬师长、在社会奉献他人"主题活动	区文明办
	中华经典诵读活动	区文明办
	爱国主义"红色之旅"活动	区文明办
	优秀童谣征集推广传唱活动	区文明办
	千人少儿书画即席挥毫大赛	区文明办
	"美德少年""文明小公民""小道德模范"等评选表彰活动	区文明办
	绿色上网活动	区文明办
	乡村学校少年宫建设	区文明办

除了区一级的政府部门开展的活动外,各镇(街)和村(居)也形成了自己的特色品牌活动,例如,桂城街道的"关爱"志愿服务活动;狮山镇罗村管理处的"孝德"文化活动;西樵镇的"龙狮"民俗文化活动;九江镇的"鱼花"传统水产养殖文化活动;丹灶镇的中华龙舟大赛活动;大沥镇的"龙母""观音"文化活动;里水镇的"梦里水乡"系列文化活动;以桂城街道的以叠滘龙舟漂移为代表的南海龙舟文化活动;里水镇的赤山"跳火"闹元宵活动;等等。南海区各镇(街)、各村(居)目前主要的特色品牌活动见表4-4。

表4-4 南海区各镇(街)、各村(居)目前主要的特色品牌活动

特色品牌活动名称	村(居)或社区	镇(街)
"关爱"志愿服务活动		桂城
休闲时尚文化节		
端午龙舟漂移,分东胜、潭头、圣堂、茶基四个赛区	叠滘	
龙舟赛与艳龙巡游	夏北	
传统狮大赛		大沥
"伯奇杯"中国创意摄影展		
"粤韵飘馨"系列活动		
北村生菜会	六联	
锦龙盛会	盐步	
瓜步汛龙舟邀请赛	谢边	
龙母诞民俗活动	黄岐	
黄氏大宗祠冬祭仪式	平地	
观音诞活动		
百合花文化艺术节		里水
慈善活动月		
赤山运动会	赤山	
"跳火"闹元宵活动	赤山	
"孝德"文化节活动	罗村	狮山
万石村洪圣诞日活动	官窑	
树本文化系列活动	小塘	

续表 4-4

特色品牌活动名称	村（居）或社区	镇（街）
中华龙舟大赛		丹灶
康有为文化节		
苏村天后诞庆典活动	银河	
八甲村七夕赶神诞万人走亲戚活动	西联	
古村庙会	仙岗	
家庭才艺大赛	金宁	
"黄飞鸿杯"狮王争霸赛		西樵
"CCTV 贺岁杯"狮王争霸赛		
西樵山大仙诞活动		
北帝诞庆祝活动	简村	
"出色"巡游活动		
"烧番塔"民俗活动	松塘	
翰林文化节		
暑期联欢晚会	新田	
"渔耕粤韵"文化节系列活动：五人龙舟锦标赛、"SHOW 我精彩"歌唱大赛、国庆龙舟盛会、国庆烟花会演、"饭香刀"烹饪大赛、文化节闭幕式晚会		九江
庆"三八"粤剧、歌舞晚会	廻龙	
长兴经济社的公益慈善会	下北	

以上述各种活动为媒介，借助于现代化的通信网络和多媒体工具，南海区已经构建了"文明村"创建工作的宣传引导机制，并已形成南海区"关爱、孝德、树本、至善"的基层社区价值观。

（3）建立了富有南海特色的"文明村"创建工作管理机制。南海区在文明创建工作中，建立了富有南海特色的工作管理机制。

特色一："社会治理网格化"管理机制。

2014 年初，南海区试点在社区文明创建工作中，引入城市管理中的"网格化管理"，通过划分区域、分片包干处理，将社区各网格内文明创建的各个事项一一进行实时监控，在数字技术的支撑下，网格化管理实时更新信息，借助于网格员的信息反馈，快速上报及时处理，真正做到主动发现文明创建工作中的问题并及时处理，加强政府对文明城市的管理能力和处理速度，将问题解决在居民投诉之前，减少了安全盲点和管理漏洞。这些举措有力地推动了南海区基层社会治理模式的创新，摸索出了具有南海特色的文明创建管理机制——"社区治理网格化"。同时，南海区又将"社区治理网格化"与"直联制"相结合，以大数据做支撑，通过构建区、镇、社区〔村（居）〕三级治理平台，形成了"社会网格化治理"的管理模式，把人、地、事、物、组织全部纳入网格，实现了对社区（村居）基础数据全面、精准、及时的采集，打破了部门间的行政资源壁垒，群众满意度也较高。如桂城街道的大德社区，共分了5个网格进行工作，网格工作人员共28人，分布在五个网格，改变了以往大规模巡查的情况，每个网格工作人员对自己负责的片区情况非常熟悉，工作更加细致到位，工作效率大幅度提高，居民普遍对网格化治理比较认可。目前，"社会网格化治理"已经在全区实现了全覆盖。根据南海区政务办的相关统计数据，截至2016年6月底，全区社会治理网格化平台已经累计收集巡查对象数据超过50万条，发现问题事件11万多宗，问题办结率达到97.8%。2016年7月底，南海区政府办公室又印发了《佛山市南海区深化社会治理网格化工作实施方案》的通知，提出南海区深化社会治理网格化工作将进一步加大改革力度，进一步打破部门壁垒，确保社会治理各项工作全面纳入全区社会治理网格化平台，真正实现"一张网"治理。其中，包括29个部门238个事项，要求在下半年内实现事项处理全覆盖。这标志着南海区的"社会治理网格化"工作将"扩面提质"，向标准化迈进。

特色二："大数据政务管理"工作机制。

南海区作为国家智慧城市试点区域，目前已建设城市公共基础数据库，包括人口库、法人库、地图库、部件库、政务库等内容。依托数据资源目录平台和数据资源服务平台两大引擎，现已实现工商、质监、劳动等65个单位的数据注册、查询、共享和交换，目前区各政府部门提交的业务数据表格达到1300余张，累计注册数据资源平台1083个，数据指标达12706项，非结构数据资源约900万兆字节（TB），数据资源服务平台平均每月跨部门数据交换批次达600多次，交换总量超过4000万条。利用这些数据资料，南海区建成了富有自己特色的"大数据政务管理"工作机制。

特色三:"城市精细化管理"工作机制。

2015年年初,南海区成立了城市管理精细化管理工作领导小组,以区政府名义下发《佛山市南海区人民政府关于进一步加强城市管理精细化管理工作的意见》,并制定了《佛山市南海区城市精细化管理工作实施方案》,开始推进城市精细化管理工作。经过一年半多的工作,南海区的城市管理水平不断提升,南海的城市竞争力和市民的幸福感也不断提升,品质南海建设工作也进一步加快推进。如里水镇通过创4A景区、创省文明镇和创国际安全社区的"三创"活动,在巩固"里水安全""安全里水"品牌的同时,以精细化管理引领文明建设,引导、规范市民行为,建设文明城镇,打造和善家园,一方面深化、巩固了文明城市的创建成果,同时也不断提高了城市精细化管理水平,为里水镇打造宜商宜居环境提供了重要的基础。

特色四:"大市政"管理机制。

南海区依照上级文件精神,结合自身实际,在具体工作中探索并形成了有效的文明城市管理模式,推行城乡一体化的"大市政"管理,通过这一制度使道路清扫保洁、垃圾收运处理、"牛皮癣"小广告清理等统筹实施,并已初见成效。

(4) 建立"文明村"创建工作的社会组织机制。南海区在"文明村"创建过程中还建立了相关的社会组织机制。调查中发现,各镇(街)中普遍有义工和社工定期或不定期开展活动,还有很多村有慈善会、街坊会、互助会等社会组织,村内会经常开展一些诸如敬老、优抚、奖学助学等志愿服务和公益活动。一般来说,村一级由于缺少资金和志愿者,一般很少出资购买社工服务,村内的志愿服务一般由区政府或镇政府购买,然后到村里落实开展活动,也有一些村的活动经费由企业或个人捐款来筹集。

例如,九江镇的下东村于2006年成立了民间慈善基金会,最开始主要是几个老板和村干部捐款40万元,面向社会仅筹集了10多万元,总共只募捐到50多万元,但由于管理得当、公开程度较好,经过五年的运作,慈善基金会得到了村民的认可、社会的信任,捐款额度也大大增加。在2011年第二次募捐时,共筹集了100多万元,并且捐款者不仅有老板和村干部,1000多名村民也进行了捐款。慈善会的运作模式是:由村民根据实际提出申请,然后通过理监事会审核,最后进行公示。其中,理监事会的成员共有15人,由村书记(任理事长)、捐款多的老板(任监事长)、社会热心人士（任会长），以及各自然村的社长、部分热心人士组成。慈善会对村民的救助主要是在助学、住房、生活等基本方面，医疗费用由于较高，暂时无法解决。慈善会平均每年的资助总额在10万～15万元，所需资金由慈善会和街坊会各出一半。街坊会是在2014年成立的，每年筹款约12万元，收入较稳定，其服务对象主要是老人、青少年、单亲家庭、妇女等，同时举办常态化的民间节日活动，如曲艺社、定期为老年人理发、季度老人生日会等。目前，下东村的慈善会和街坊会已经形成了良好的资金筹集和运作模式，与民政部门之间的扶助互为补充，在帮扶村民、凝聚民心等方面发挥了重要的作用。

（5）设立"文明村"创建工作的激励机制。南海区在"文明村"创建过程中还建立了相关的激励机制。各机构、各部门先后开展了"十好和谐文明村""平安村""健康村""体育村"等各类评比、建设活动。目前，除了"平安村""健康村"外，其他活动已基本结束。通过这些活动一方面促进了村容村貌的改善，村内的基础设施不断完善，各村普遍设立文化活动室（馆）、篮球场、体育设施、小公园，排水设施不断改善，实现道路硬底化等；另一方面也带动和促进"文明村"创建活动的开展，初步形成了以评促建、以评促改、评建结合等激励制度，取得了较好的效果。南海区各部门开展的与文明创建有关的主要项目及主导部门见表4-5。

表4-5 南海区开展的与文明创建有关的主要项目及主导部门

项目名称	主导部门
"十好"和谐"文明村"（居）	区文明委
"文明村"示范点	区文明委
生态示范村	区环境保护局
广东省宜居乡村	区住建局
健康村	区卫计局
民主法治村	区司法局
平安村（居）	区综治委
体育强村	区文化体育局

（6）建立村民自治机制。调查中还发现，南海区各镇（街）各村已经建立起村民自治机制。2011年年初，南海区率先开始试行"政经分

离",并以此推进农村综合改革,推动基层治理重构。"政经分离"从顶层设计上科学设置了农村三个主要基层组织——社区党组织、村(居)自治组织、集体经济组织的架构,明晰了他们各自的职责权限,不仅强化了基层党组织的领导和经济组织的监管职能,还引导村(居)围绕"治以自治、断以法尊"的目标,回归到社会事务管理的自治职责上来。在村(居)设立社区参理事,成立村(居)综合事务监督委员会,引导社区成立"街坊会""邻里中心"等互助组织,发展社工队伍,完善政府购买服务机制,构建"社工+义工"的志愿服务体系,等等。"政经分离"搭建了集体经济资产交易平台、集体经济财务监管平台和集体经济组织成员股权管理交易平台三大平台,将村(居)集体经济的所有资产交易、财务管理及社员股东股权管理交易纳入平台进行透明公开管理交易,有效地减少了村民之间的矛盾和纷争,信息、资源更加公开透明,更符合市场化发展,使村民在各项决策活动包括"文明村"创建等工作中,实行民主选举、民主决策、民主管理、民主监督。

另外,很多村制定了乡规民约,通过的乡规民约对本村村民的约束能力有一定的体现。例如,丹灶镇劳边村通过奖励机制,用乡规民约进行管理,设立奖励金,对卫生状况良好的村民进行每年500元的奖励,该经费从每年的村集体分红中提取。通过此办法,村内的卫生状况大有好转。

(7) 率先试点直联制。2014年7月,南海区在全省率先开始试点乡镇(街道)领导干部驻点"普遍直接联系群众制度"(简称"直联制)。通过"直联制",打通了联系服务群众的"最后一公里",直联干部可以按时到村里了解情况,方便村民反映文明创建过程中的情况,也可以与其他相关机构和部门进行衔接,或者将有关的资源进行整合连接,有利于帮助解决"文明村"创建中的相关问题。例如,里水镇的岗联村通过驻点领导和团队的驻点联系制度,通过"以帮促联"工作,积极发挥驻点团队的政策及资源优势,不但使困难群众及时得到了帮助,村容村貌也有了很大的改变,群众满意度不断提升。到2016年6月底,"直联制"已经在全区实现了全覆盖。"截止到9月初,南海249个村和外来人口集中区域共建立266个驻点,176名镇领导及其团队开展驻点107期,直接联系群众82万多人次。"[①] 目前,全区已经将"直联制"与"社会治理网格化"结合

[①] 南海电视台《驻点直联打通"最后一公里"》,2016年9月8日。

起来,构建了"直联+网格化"的党建引领大平台,有力地推动了基层社会治理的现代化,为新一轮"文明村"的创建工作打下了良好的基础。

2. 南海区"文明村"创建工作的区位优势与经济基础

(1) 交通便利,文明创建的区位优势突出。南海区位于广东省中部、珠江三角洲腹地。由于与广州接壤,特别是与港澳台、东南亚临近,华侨、华人较多,目前有海外侨胞约40万,分布在世界60个国家和地区。再加上便利的交通条件和现代化的通信设施,像新加坡、中国香港等国家和地区先进的城市文明、社工和义工等志愿服务机构的先进运作经验较为容易地传入并对辖区内的居民带来较大的影响,文明创建的区位优势突出。

(2) 历史悠久,文明创建的文化底蕴丰厚。南海区的历史悠久,"在六七千年前的新石器时代,南海境内的西樵山一带已经有先民在此繁衍生息。秦始皇三十三年(公元前214年)置南海郡,隋朝设县,岭南文明,和谐兴盛。汉晋桑蚕,五代开陶,唐有洋商,富裕安详。南海自古人文丰盛,是古代南番顺组成之一,也是岭南文明、广府文化的发源和传承地,是黄飞鸿、康有为、叶问的故乡,醒狮、南拳、龙舟等固有民俗得到了很好的继承和发展"①。例如,桂城街道叠滘社区每年端午节期间各村的龙舟赛,不仅吸引了佛山周边乃至广东省内的大量人群,而且被中央电视台专门报道并制成专题片播放,扩大了其在全国范围的影响力,也较好地传承了南海的龙舟文化,这充分说明了南海区的文化底蕴之丰厚。

(3) 经济发展较快,文明创建的物质基础深厚。早在20世纪80年代改革开放后,南海就成为著名的"广东四小虎"之一,经济蓬勃,产业兴旺。2015年,全区实现地区生产总值2226.97亿元,同比增长8.5%;按常住人口计算人均地区生产总值为82885元,折合12764美元。地方公共财政预算收入185.5亿元,增长11.35%;地方公共财政支出223.97亿元,增长47.10%,其中对民生方面的投入达139.83亿元,增长47.36%;全社会固定资产投资923.15亿元,比上年增长16.6%;交通建设投资总额10.92亿元;年末全区民用车辆保有量达到84.26万辆,增长9.9%,其中私人汽车56.34万辆,增长21.7%;社会消费品零售总额868.47亿元,比2014年增长11.1%;金融机构本外币存款余额4352.01亿元,增

---

① 资料来源:南海区政府网。

长4.2%;全区居民人均可支配收入39625元,增长9.4%;人均生活消费支出28225元,增长9.5%,其中城镇常住居民人均可支配收入40148元,增长8.8%;农村常住居民人均可支配收入25909元,增长9.5%。①南海区的主要经济发展指标不仅在佛山市,在广东省乃至在全国的排名都在前列,根据中国社科院发布的《中小城市绿皮书:中国中小城市发展报告》,在2014年、2015年全国百强市辖区中,南海区连续两年排名第二。雄厚的经济实力,无疑为南海区"文明村"的创建工作提供了坚实的物质基础。

3. 南海区"文明村"创建工作的制度基础

制度建设是推动文明管理的核心和关键。南海区在文明创建过程中的制度建设的成就主要体现在系统性建章立制、强化管理与考评、加强法制宣传等方面。

中共南海区委、区政府及相关政府管理部门在文明创建过程中,首先依据国家、广东省和佛山市的有关文明创建方面的法律法规,如在文明测评考评方面,根据《全国文明城市测评体系》、国家和省市创建全国文明城市材料收集整理工作相关规定和指引、《佛山市城市容貌标准》、《佛山市城市管理考核评比暂行办法》、《佛山市停车场管理评分标准》、《佛山市城市管理考核评比暂行办法》等开展测评考评工作,充分发挥考核评比的作用,促进了以考促管、以管促建、以建助管的长效管理机制的初步形成。此外,还出台了一系列相关的制度和文件。例如,2011年1月,为了配合佛山市创建全国文明城市,南海区政府出台了《佛山市创建全国文明城市南海区实施方案》,针对文明创建工作提出了指导思想、工作目标,设立了相关的组织机构,明确各机构之间的分工与责任,并在各镇街也成立了文明创建工作领导小组,明确工作重点和工作步骤,并将创建任务层层分解。为扎实推进全区创建全国文明城市的各项工作,2011年2月底,区创建办又制定了《佛山市创建全国文明城市南海区工作领导小组办公室文件》,将区创建办材料组、实地考察组、问卷调查组、综合组、督办组等的工作实施方案以文件形式印发出来,保障了文明创建工作的落实和实现。

另外,全区在文明创建中还通过法制宣传与建设、创建民主法制村、

---

① 数据来源:《南海区2015年国民经济和社会发展统计公报》、南海区统计信息网。

法律援助等多种形式，加强各村（居）的民主与法制建设，形成了办事依法、遇事找法、解决问题用法、化解矛盾靠法的和谐、文明的法制氛围，为"文明村"的创建工作奠定了制度基础。

4. 南海区"文明村"创建工作的人才与技术保障

借助于佛山市和南海区的人才战略，全区可以从外部引进社工、义工、管理等人才，同时本地的高校如佛山科学技术学院等也开设有社会工作、法律、管理学、心理学等各专业，每年为本地输送了大量的这方面人才，形成了一定的人才储备。同时，现代信息技术的发展，特别是广东省作为我国率先推行"大数据、云计算服务"战略的省份，全省包括佛山市南海区在内的各地区在建设大数据基础设施、扩宽数据收集渠道、推进数据信息共享、打造智慧城市、推动政府治理创新等方面先行先试，也为南海区的"文明村"创建活动提供了迅捷、可靠的技术保障。

一方面，南海区在数字城管方面已经实现了全覆盖。2010年6月，南海数字城管系统率先在佛山运行。数字化城市管理借助计算机、网络、地理信息系统、无线通信等现代化技术，建立了智慧城市管理指挥（应急）中心暨政务服务中心系统平台，通过整合、共享现有相关资源，将城市管理对象及管理行为纳入统一的系统，提高管理效率，全面提升政府效能。2013年6月底，南海区已完成了数字城管全覆盖，各镇（街）都已拥有数字城管中心，城市精细化管理水平得到进一步提升。信息采集员穿梭在大街小巷，一旦发现城市管理问题就用手机软件上报至数字城管中心。区级或镇（街）数字城管中心坐席员受理了案件后，将案件分解派遣至市政、交警等各相关职能部门，这些部门接到派遣后，须在案件规定时间内解决问题并结案。除了依靠信息采集员、按网格划分收集问题，市民还可通过拨打12319热线与下载"市民城管通"两种方式参与全区的城市管理工作。目前，全区有信息采集员约200名，每年受（处）理的案件超过30万宗，结案率已达到99%以上，回复率达到100%，结案率和办案质量均稳步提升，数字城管已经在全区全面扎根，数字城管的长效管理模式已基本形成。

另一方面，如前所述，南海全区在2015年底就已经实现了"网格化管理"的全覆盖，"网格化管理"也是借助于数字技术的支撑才能对各网格进行有效的监控。此外，市民还可以通过12345热线、行政投诉电子监察系统和微信、微博等网络平台反映有关问题和对策建议。利用这些现代化的信息技术、监控设施、数据交换平台等，南海区的"文明村"创建工作就有了足够的技术保障。

5. 南海区"文明村"创建工作的卫生环境条件

从调研的情况看，全区各镇（街）的村容村貌得到普遍改善，卫生环境条件较好。各镇（街）的卫生都是外包的，有专门的保洁人员及时进行清洁卫生工作，由于保洁的频率和质量基本都能达到要求，因此各村的环境比较整洁，乱扔杂物、随地吐痰、车窗抛物、脏乱差等现象较少，卫生死角少，公共厕所少异味。同时，全区的卫生设施较为完备，至2015年年底，全区共有卫生机构405个，其中，医院21间、门诊部75所、妇幼保健院1所，医疗危险废弃物处置率达100%。各镇（街）普遍实现了道路硬底化，全区2015年交通建设投资总额达10.92亿元，通车里程1930.65千米。全区全年用在体育事业方面的总投资达7964万元，建设了大量的文体设施，如篮球场、足球场、网球场、游泳池等。全区环境进一步优化，全区空气优良天数为279天，二氧化硫、氮氧化物等有害物的排放均比2014年有所下降。全区建成区绿化覆盖率44.4%，人均公园绿地18.56平方米，绿地率42.0%；已建垃圾处理站11个，生活垃圾无害化处理率达100%；建成污水处理厂24家，城市生活污水集中处理率达97.1%。① 上述良好的卫生环境条件，也为南海区"文明村"的创建打下良好的卫生环境基础。

6. 南海区"文明村"创建工作的社会文化氛围

经过上一轮的"文明村"创建工作，南海区在文化硬件设施方面不断完善。2015年年末，南海全区有文化馆1间、镇文化站7个、农村文化室349间、博物馆4间、纪念馆8间、图书馆18间、影剧院2间、数字影院33间，图书馆藏书量达198.5万册，电影观众达640万人次。②

不仅如此，南海区还通过各种文化盛事塑造活动品牌，形成良好的社会氛围。2015年，南海全区及各镇（街）共开展文化活动近3000场次，如"2015珠三角休闲文化节暨社区文化节"、"乐活南海 灯湖周末"系列活动、西樵山观音文化节、"梦里水乡"百合花文化节、九江镇"渔耕

---

① 此部分的相关数据来源：《南海区2015年国民经济和社会发展统计公报》、南海区统计信息网。
② 此部分的相关数据来源：南海区政府网。

粤韵"文化节等品牌文化活动精彩纷呈。通过各种活动，南海区居民敬老、爱幼、互帮、互助、崇德向善等蔚然成风，营造了和谐的文明创建工作社会文化氛围。

二、南海区农村文明创建工作存在的问题

在南海区农村文明创建工作推进历程中，有许多亮点和成绩，特别是随着党和政府加大对"三农"的支持力度，社会主义新农村精神文明建设取得了可喜成绩，但不得不承认，随着形势的变迁，一些原先发挥重大作用的机制出现弱化或者退化，一些旧机制已不适应新情况，农村文明工作出现危机与挑战。

（一）文明建设中部门创建与整体统筹的矛盾

近年来，南海区针对农村的创建种类繁多，诸如卫生村、健康村、平安村、美丽村（居）、品质村（居）等，如此密集的创建，一方面说明农村是政府工作的难点也是突破点，引起各部门的重视，这对推进农村各项事业的发展是大好形势；但另一方面也说明农村工作还处于条块分割、各自为政的局面。

1. 创建工作的科学性、有效性不够

因为缺乏整体统筹，各项创建工作的科学性与有效性还不够。比如创建分层、分类、分期不充分，出现一个指标走遍全区、前后创建没有对接、部门创建没有联动、没做到有分有合、责任交叉与混淆等状况。对于一些农村治理难点，如违章乱搭建现象、"农二代"问题、村民文明素养的提高等等招数不多。

2. 基层主动性不强

面对重复建设与评比，作为体制末端承担实体任务的村级干部与群众，疲于应付各项检查和考核、配合建立一套套档案，创建的主动性不强、热情不高，社会风尚与村民素质没有发生根本性的优化。

（二）文明建设长期性与考核工作短期性的矛盾

文明需要长期化、制度化、常规化的建设，而考核检查具有周期性、短期性、竞争性的特征。如果为考核而考核，就容易忘记评议的目标是推动建设，就容易忽略规划，就容易突击建设，而缺少持续性关注（投入）；

因为考核的竞争性，带来村（居）名次排序，由于不考虑村（居）原有的基础，采用同一标准，就容易强者恒强、弱者恒弱，而考评结果也容易催成政府再次投入的对象越来越集中，最终形成恶性循环；又因为检查考核的主体是政府（部门），容易导致物质与人力投入主体单一。

1. 文明建设规划滞后

文明建设缺少规划，一直是南海农村发展的短板。截至2016年6月，南海区202条自然村，有规划的村非常少。与省文明办提出的"提高农村建设规划覆盖率，2018年珠三角要达到100%"[①] 的指标还有较大距离。

没有科学规划，就容易突击建设；缺少持续性关注，就容易"东一榔头西一棒槌"。没有规划，村的发展容易带有村干部个人色彩，村的发展与村干部的做事风格、个人魄力，甚至喜好密切相关，导致随机性、偶然性高；缺少规划，村的发展起点与标准容易不科学，难以实现产业、村（居）、人的深度融合。

2. 文明发展存在瓶颈

文明建设有长期性的特征，发展建设呈山峰连绵状推进。前期创建进步明显，成效显著，指标曲线直线上升。因为文明创建之初，处于发展的浅水区，都是些基础设施的投入、服务空白的填补，比如道路硬底化建设、行政服务站的一站式便捷服务提供等等，容易出成果，基层民众感官体验直接，都是看得见、摸得到的直白式成果。

如今南海区村文明建设已步入第10个年头，相关的历史欠账和容易推进的工作已基本完成。接下来文明创建进入峰谷期和发展的深水区，更多的是要解决农村多年发展积累下来的难题或根本性矛盾，比如违章乱建、人心凝聚等，或者随着社会经济与管理改革的深入而涌现的新问题，比如环境污染、外来人员管理等。

南海区202个村的基层民众是村文明建设初中期阶段成果的最主要享用者、受益者，他们切实感受到文明建设带来的变化与实惠。调查中发现，南海区广大村民对文明创建的下一阶段工作充满期待，超过八成（83.3%）认为应该"加快创建"步伐和继续"循序渐进"，抱"无所谓"态度的仅占6%。可见村民不会同意文明建设进程的放缓，更不允许

[①] 资料来源：金羊网（广州）《广东省"文明村"建设工作会议在佛山召开》，2016年6月28日。

相关工作的停滞甚至倒退。

(三) 岭南实用主义文化与文明建设价值的矛盾

岭南实用主义文化导致较多的村干部和村民认为，现在搞的是市场经济，就是要想方设法多赚钱，精神文明建设可有可无。

1. 基层干部态度应付

部分村干部对农村精神文明工作的认识不够，认为组织引导农民发展经济、增加收入是工作的主旋律，精神文明建设是"软任务"，不如物质文明建设摸得着、看得见，从而忽略了精神文明建设的重要性；还有的村干部认为发展农村精神文化生活与自己无关，都是上级的事情，上面催得紧就抓一抓，应付了事，上面不催就放手不干。对村建设与发展的态度是"等""靠""要"，为此一些经济发达和落后的村，同时出现社会发展停滞甚至倒退现象。

2. 村级组织衔接与宣传力度不足

基层对精神文明建设的认识和宣传力度不够，也缺乏与镇、区、市文明建设相对应的组织权责机构，没能充分调动起农民群众参与精神文明建设的积极性、主动性和创造性。农村自身文化生态的破坏，直接导致农村村民，尤其是青少年不再把目光系于家乡，他们对生养他们的乡村失去了曾经的亲近与美好。村民与本土亲近性的缺失，使得村民不再是文化意义上的村民。他们中有许多人变得浮躁，看不起村庄，看不起劳动，他们极力追求现代化、城市化的生活方式，但为了经济利益还要固守于自己的"农村户口"。

(四) 经济高速发展与文明建设停滞不前的矛盾

如前所述，南海区的经济发展速度一直比较快。"十二五"期间，经济年均增长8.9%，按照1073.82平方千米的辖区面积计算，每平方千米产出的地区生产总值超过2亿元；按2015年的人均生产总值82885元（按常住人口270万计算）来看，折合为12764美元，已经达到中等发达国家的水平，在全国也名列前茅。南海经济发展的质量和效益正在稳步提高，并且持续向好。从品质南海向品牌南海跨越，南海需要突破的不只是经济领域。

1. 农村的被动与劣势在逐渐扩大

农村以"向城市靠拢"的方式走向发展与富裕,这一过程本身是无可非议的,因为它是农村社会走向现代化的必然途径。但关键的问题在于,在与城市现代化接轨的过程中,农村的被动与劣势在逐渐扩大。这种被动和劣势的外在表现为随着现代化、全球化进程的推进,社会主流娱乐方式和审美趣味发生变化,农村文化精英外流,传统文化的内容、形式和农村的文化需求发生了错位,使得传统文化的影响力越来越弱,目标群体——青年农民的规模持续萎缩,农村悠久历史文化传统和充满本土气息的文化形态消失殆尽。以"孝"为突出特色的农村文化遗产正在消亡之中,长幼地位颠倒,晚辈"剥削"长辈,养儿不防老等等"不孝"行为常有发生。乡村文化处于解体之中,而新的适合农村社会健康发展的文化秩序又尚待建设。

2. 村的管理与发展空心化

面对新形势,农村文明创建状况不断发生变化。农村集体资产的运营监管逐步深入,使农村治理模式更民主、透明、和谐。但"政经分离"也导致了村管理组织对村经济分配、资金提留的话语权弱化甚至丧失,部分村民对村集体收入抱着"落袋为安"的思想,将村集体收入分光、用光,群体短期化功利行为最终造成村管理与发展的经济基础空心化,文明建设停滞不前,甚至倒退。2015年南海区村(居)、组社两级股份分红总额40.62亿元,增长12.18%;村民人均分红5172元,增长10.47%。[①]但同期村文明建设发展提留比例没有出现同水平增长,个别村甚至大幅下滑。

在经济发达的南海,部分富裕村和富起来的农民"只富口袋不富脑袋",一味追求物质满足,精神生活比较贫乏。农民的素质并没有较大的提高,农村的精神风貌也没有较大的改进。近几年,个别农村的封建迷信活动盛行,婚丧喜事大操大办,盲目攀比,这些现象不符合新农村精神文明建设。南海区各镇(街)已全面启动集体经济组织股权确权工作,在"股权固化"背景下,村民是躺在"分红蛋糕"上逍遥度日"坐吃山空"?还是把"分红蛋糕"装进口袋再出发,"让村民望得见山、看得见水、记得住乡愁",吸引新生代村民的目光,让他们有新谋划、追求新里程?这是一个值得深入探讨的问题。

---

① 《从"品质南海"向"品牌南海"跨越》,载《南方日报》2016年7月1日。

（五）文明服务与品牌南海目标的矛盾

在新一轮城市建设中，区委相关领导提出，"成就品牌南海，既是时代的要求，也是南海的担当，更是南海区再出发的旗帜和号角"。品牌南海区离不开高度发展的农村精神文明建设。南海区"村改居"工程的深入推进使农村社会管理服务水平向城市接近，城乡一体化发展有新突破，筑牢了党的执政基础，加强了基层社会治理，在"城乡互动、融合并进、协调发展"的道路上迈出了关键性步伐。但农村文明服务还是存在平台少、服务领域狭窄、服务规模小、服务品类少、区域辐射弱等短板。

1. 服务平台少

截至2015年9月，已有35家社工机构在南海区登记成立。在南海区开展服务的社会工作服务机构超过60家，社会工作服务机构从业人员超600人，有近4000名社会工作从业人员分布于城乡社区等社会服务领域。但目前农村社会工作大都依靠城市社工机构人员支持，属于项目式，长效持久性差。有社工机构进驻的村落比例小，区、镇政府作为农村社工服务购买的主要参与者，没有充分发挥主导作用，特别是在引导社工机构进入农村及规范运转方面。农民遇到困难时只能求助于基层组织，造成基层组织压力大、负担重的现象，加大了不稳定因素的潜在发生性。因此，基层呼吁应采取措施让更多社会服务机构深入农村地区，帮助农民获得知识并解决问题，从而实现农民增收致富及科学发展、农村和谐稳定。

公益广告在传播社会主流价值、引领文明风尚中有重要作用，能营造出培育践行核心价值观的浓厚氛围。但南海区村（居）公益广告发布数量偏少，没有实现宣传全覆盖，内容和形式不相适应，在贴近生活、导向鲜明、新颖活泼、群众喜闻乐见上做得不够，没有充分做到入眼、入脑、入心。

2. 服务领域狭窄

农村的社会服务多是带有事务性、救济性、节日化的特征，许多村落的社区服务，仍是围绕节日展开，而且参加的几乎都是中老年人。农村的社会服务可以多提供智力支持，帮助农民在避灾、减灾环节获得更多科学知识信息，普及基本问题解决的方式途径，提供在农业农村方面更多的市场供求信息，从而实现农民增收致富；帮助开展农村儿童防溺水工作等；社会服务人员还要参与到农产品质量安全领域，宣传质量安全知识，消除民众不必要的知识盲点，为构筑食品安全架构贡献力量。

3. 服务规模小、服务品类少

农村文化工作资金与人员不足、内容贫乏、方式简单、缺乏新意，难以对农民群众产生吸引力和凝聚力。由于农村文化生活贫乏，闲暇之时，农民除了看电视之外，最主要的消遣活动就是串门、打牌、打麻将等等。农民的精神文化生活单调，农家书屋没有很好地进行管理和充分利用；有的村虽然建有活动室，却不开展活动，30%的村文化室单纯以打牌、搓麻将代替正常文化活动。问卷调查发现，村民对"所在村举办群众文化体育活动"一项，认为经费与人员是导致活动组织不力的超过50%。

4. 服务价值有待提高

享受服务的群众面应该拓展，应从过去的救济为主到现在的满足需要为主。因为在经济与社会高度发展的南海，将服务主体仍只定位为困难人群就存在将政府责任狭隘化之嫌。

在村公共设施基本完备的情况下（文化书屋、体育场馆），如何拓展以提供高品质的公共服务和形式多样各具特色（一村一品）的公共活动，是实现品牌南海目标的关键。目前，南海区农村的公共服务没有充分调动社区资产与文化资产，没有把乡村精神文化建设的主导权交给农民，让农民自己探讨具有宗族和地域特色的文化形式，现时的做法仍是"送文化"多，"种文化"少。农村人群文化自娱性的优势没有充分发挥，政府与农村文化团体间的联系没有联结。

农村优秀传统文化之所以落寞和面临生存危机，亦有市场化运作缺乏的因素。没有把农村优秀传统文化的挖掘与村经济的发展结合起来，没有用市场的眼光来运作农村优秀传统文化活动，使农村优秀传统文化显现其固有的多重功能。南海区目前没有通过"民办公助"等制度创新和政策扶持，没有建立对农村业余文化团队的激励机制，缺少农民自办文化组织与文化活动，缺少各种面向农村、面向农民的文化经营活动，农村文化人没有自觉成为农村文化建设的主体。没有形成农村文化人"在得到经济利益的同时，传播农村传统文化的精髓，追求着自己的精神文明"的文化发展模式。

5. 服务的区域辐射弱

在南海区农村精神文明建设中，如何实现区域合作、村（居）辐射也是提升文明品牌的关键。目前，南海区农村建设因为涉及检查考核与项目投标等运作，村与村之间更多的是竞争与排他，缺少合作和共享共赢。一些基础设施重复建设，一些公共服务指向单一、规模小，最终导致公共服务走向专业化、规模化的可能性渐小，影响服务品质和社会资本进入公共服务领域。

（六）传统单一的服务模式与服务对象需求的矛盾

农村的管理模式，还是较为单一的开会、考核和罚款等行政运作手法。传统和粗疏的模式与当下管理客体的日益庞大与复杂越来越不适应。

1. 市民参与度低

截止到 2015 年年末，佛山市户籍人口 388.97 万人，全市流动人口 354.09 万人，其中南海区最多，达 130.88 万人。① 面对大量外来流动人口、出租屋、停车场的管理等，这些模式明显"力不从心"，流于形式。开会没人到或因为朝九晚五的工作时限找不到人，考核与罚款只能约束到村干部一级；村级的管理看似密密麻麻的项目创建，并没有触及本质与核心，群众基本还处于"围观"状态。

2. 供需不对接

近年来，南海区的科技、文化、卫生等三下乡活动还不够，不能满足农民对科学技术、精神文化的需求。村级提供的公共服务在内容与形式上都出现供需不对接。村级部门作为最基层的群众组织，工作的本质与核心就是为广大村民的需求提供尽可能多样的、精细化的服务。村中的常住居民不应被看作是同质的、无差别的群体，而应被视为具有高度多样化的存在，村级常住人口利益的多样化、结构与组成发生的变化，使得需求多层次化。要达到各方利益的共鸣就必须实现服务模式复合化，就必须推广"互联网+政务服务"模式，通过以问题为导向，信息共享共用更好地契合多层次需要。

随着农村劳动力大量转移，农村老年人及留守妇女儿童问题也逐渐显现，他们普遍有精神困扰，且缺乏自我保护和维权意识，没有安全感。在调查中发现，村民认为目前最需要加强管理和照顾的人群依次排序为：生活困难群众 29.9%、流动人口 25.9%、留守儿童和空巢老人 20.7%、闲散人员和问题青少年 19.0%、吸毒人员及艾滋病患者 2.9%、刑满释放人

---

① 《佛山常住人口首超 800 万》，载《南方都市报》2014 年 9 月 4 日。

员和社区服刑人员1.7%。

（七）自治组织和社会组织的发展滞后性与基层社会快速发展的矛盾

南海区农村的发展采用政府主导、以项目创建为载体的模式，此模式带来创建的高效率，但也存在一定的不足。

1. 村民自治社会组织发育不全

村民通过自治组织进行自我约束、自我管理、自我发展的力量仍严重不足。调查中发现，关于村规民约，村民认为"健全并发挥很大作用"的仅占11.8%。对村志愿服务的态度，愿意接受服务的超过80%；但不愿意自己付出服务和声称没时间参加志愿者的也接近六成，占57.9%，说明志愿服务供需严重不平衡。

村规民约大都停留在书面语阶段，村民调解委员会几乎停摆，"社工＋义工"的社会组织模式还在初级阶段，已经购买社工服务项目的村非常有限，慈善会、街坊会、互助会规模小且不是村村覆盖，自治小组（如里水的出租屋主联合会等）还很罕见，社区领袖的培育手段匮乏。

农村精神文明建设是社会主义精神文明建设的重要组成部分，是社会主义新农村建设的重要内容。中共十六届五中全会提出："建设社会主义新农村是我国现代化进程中的重大历史任务。要按照生产发展、生活宽裕、乡风文明、村容整洁、管理民主的要求，坚持从各地实际出发，尊重农民意愿、扎实稳步推进新农村建设。"

2. 基层的创新精神发挥不够

历史地看，南海区农村改革的"样本意义"重大。肇始于家庭联产承包的农村改革，从最初发展乡镇企业、搞活集体经济；到后来创新出"农村集体合作股份制"；再到今天，在股份制的基础上又出发，寻求城乡协调、统筹发展的新路径。

南海区要继续以"敢为人先"的排头兵意识探索新路，推动珠三角农村综合改革的全面深化，既要注重农村社会改革的顶层设计，又要注重发挥基层的创新精神，特别是农村如何在理顺层级关系的基础上加强自治组织和社会组织建设等深层次问题上下功夫。只要是有利于"三农"发展、有利于新农村建设的办法就不断摸索创新，千方百计尝试。

三、南海区"文明村"建设长效机制的构建路径

(一)健全政府统筹、多部门联动机制

1. 建立健全科学合理的领导体制和工作管理机制

"文明村"的建设,是按照习近平总书记提出的全面建成小康社会、全面深化改革、全面依法治国、全面从严治党的要求以及关于"人民有信仰,民族有希望,国家有力量"的重要论述,巩固提升全国文明城市创建成果的一项基础工程;是发展城乡经济、改善城乡环境和提高群众素质的有效载体;是从五星级南海到品质南海再到品牌南海的关键一环。因此,各级政府、各个部门、各级领导干部一定要站在全局的、战略的高度,来充分认识村(居)文明建设在南海区社会建设中的重要作用,不断强化村(居)文明建设的发展意识,充分认识村(居)文明建设的发展规律,把临时突击转为常规创建。真正从思想上把村(居)文明建设放在与物质文明、政治文明建设同等重要和同步发展的地位,确实做到认识到位。区、街道(镇)成立"文明村"工作委员会,实现对"文明村"建设工作的高位领导、高位指挥、高位协调、高位督查、高位考核。村(居)要设立由宣传委员专职负责,村(居)骨干、团支部书记、专业社工组成的"文明村"建设小组,具体落实。

2. 发挥规划引领作用,完善整合机制

"文明村"建设是长期而又复杂的工程,不是几个人的努力就能完成的,也不是一朝一夕就能完成的,必须根据实际情况做好规划。"文明村"工作委员会应针对各职能部门目标不一、部门协作意愿动力不足等情况,在顶层设计上要统一目标、统一规划,对各部门诸如卫生村、健康村、平安村、美丽村(居)、品质村(居)等多项评选指标进行梳理分类、整合。在明确各部门"文明村"建设的职责基础上,编制各职能部门承担事务事项清单和协调事务事项清单,把文明建设的软任务转化为硬任务,避免文明建设工作"挂在嘴上或写在报告中",说起来头头是道,做起来就偃旗息鼓的情况,建立和落实"文明村"建设规划和相应措施,把各项工作谋划、部署和落实紧紧结合起来。探索建立同一执法主体下的相互联动机制,推动街与街、街与镇、镇与镇联动解决问题。针对大院周边、校园周边、景区周边、医院周边、市场周边等区域的综合环境治理问题,实行

院内院外、门内门外定期会商、专人联系,实现信息即时沟通,增强问题治理实效。

另外,定期召开会议专题研究"文明村"工作,对各有关责任单位在工作推进中的重难点问题,定期报送区"文明村"工作委员会办公室,由办公室根据实际情况,提请"文明村"工作委员会进行协调调度,形成党政领导齐抓共管的良性运行机制。

3. 健全区域联动机制

多举措积极开展文明村联片创建活动。一是区域连片。推广里水镇新农村连片示范区建设的经验,在加大投入、注重规划、完善服务的同时,全面实施综合治理网格化,实现从"线治"到"综治"的转变。着力打造规范有序、乐善友爱、幸福和谐的新农村连片示范区。二是部门联创。总结、完善和推广南海区直属机关工委开展机关党组织挂钩结对"幸福村(居)"项目申报的经验,把"文明单位与'文明村'结对帮扶"活动作为解决基层和群众的实际困难的重要途径;把活动作为大力推进基层党组织工作方式和活动方式创新,促进城乡之间党的基层组织双向互动、资源共享、优势互补的有效模式;把活动作为增强机关党员干部宗旨观念、增进群众感情、转变思想和工作作风、提高服务意识和服务水平的重要手段。持续推进与驻区学校、驻区部队、驻区企业和村(居)社会组织等单位的合作共建。三是镇(街)联创。通过示范项目评选,各镇(街)形成合力推动文明村(居)的创建。

(二)进一步健全稳定的投入保障机制

1. 加大公共财政资金投入

按照新常态下深化"文明村"建设工作的要求,加大资金投入力度,进一步建立完善镇(街)事权与财权相匹配的财政管理体制,深入分析梳理全区各单位各镇(街)"文明村"建设工作的职责任务基础上,根据各项工作的管理要求和具体标准,据实核定相应资金,确保对全区开展"文明村"建设工作的资金投入及时到位。

2. 探索设立"文明村"建设专项资金

采取以奖代补或项目带动等形式,加大"文明村"建设资金投入力度。资金用于培育发展社会组织、志愿服务、基础设施维护和维修、文体公益活动、教育培训和环境治理等村(居)公共需求。这些专项资金包括美村美家行动专项资金、统筹城乡发展公益基金和社会资金。

（1）美村美家行动专项资金。为了撬动更多农村社区投资提升环境的热情，区文明委应通过资金带动，把更多的城市元素注入农村社区。可以学习大沥镇经验，在未来3年政府可每年设立1亿元补助资金，对农村社区环境建设进行补助，其中单个项目建设规模在30万元以上的，政府给予总投资50%的补助，最高补助金额可达500万元。

（2）统筹城乡发展公益基金。通过建立镇级城乡发展公益基金，替代现有股份社分配中的各种公共性"划拨"和通过引导和激励村（居）增加集体经济提留比例，用于"文明村"建设。

（3）引导和激励社会资金参与"文明村"建设。桂城"关爱基金"自2009年成立后通过资助社会组织开展公共服务项目，覆盖桂城各个社区，惠及市民、家庭和企业，形成政社合作、政企合作多渠道的参与文明建设的模式，应积极地总结与推广。

（三）健全基层社会组织活力创新机制

1. 培育多元社会组织，激发群众参与热情

在现代社会，作为以生活方式为主要内容的"文明村"的建设，须获得村（居）民主体的认可，仅仅通过行政命令强制推行是无法完成的，只能通过培养村（居）民的自觉意识、发挥其能动性，使村（居）民在自我生活方式的选择中自觉地参与。因此，应广泛引导村（居）成立街坊会、邻里中心、互助社等社区组织，定期开展各类互助服务。继续推广"基金+基地+机制"模式，推动社区组织发展。推广和总结各镇（街）建立的关爱基金、慈善基金等，通过购买服务、以奖代补、公益创投等方式，支持社会组织参与社区公共事务和公益事业的经验与做法。

2. 社区领袖培养机制

所谓社区领袖，是指社区中的少数成员，他们拥有知识、经济、文化、能力和社会资源等方面的优势，借助这些优势取得相当成就并为社会做出贡献，同时被赋予一定的权威，能够对社会本身乃至其成员产生影响。他们以自身的成功塑造着个人在社区共同体中的影响力和说服力，并以自身为原点凝聚和团结着村（居）的力量，在村（居）的经济发展、政治稳定和文化繁荣等方面发挥着重要作用。可以说，在传统乡村社会中，乡村精英或社区领袖是乡村社会稳定的中坚力量，他们既在国家和村民之间充当"中介人"的角色，调和各种社会关系和调解各种社会冲突，在一定程度上加强了农民对国家的信任和农民间的合作；又承担着文化教导、伦理指引、民间民俗文化活动的发起与组织等方面的功能，促进着村庄公共文化事业的发展。

要重视社区领袖的发掘和培育，搭建平台，通过开展各种社区活动，创造条件让各类有专长有能力的人浮出水面，使各类社区领袖脱颖而出；利用社区学院提升社区领袖的素质与水平；把扶持社区领袖作为"文明村"建设的重要抓手，政府与村（居）民众联系沟通的重要渠道。

3. 引入专业社工和社会服务机构到村（居）开展服务，逐步实现一村（居）一社工

2011年，南海区提出了"关爱、孝德、树本、至善"的社区核心价值观。在此精神理念的引领下，不断构筑社会组织规范发展的政策环境；同时，推动社区居民和社会公益力量广泛参与社区服务。不少村（居）开始引入社工机构参与社区服务，例如，桂城在创益中心的基础上，又建设了面向企业员工的"关爱桂城·企业创享家"；社工机构立足服务对象的需求开展服务，强调"助人自助"，充分挖掘社区内外资源，培育包容的社区文化，有效地推动村（居）文明建设。

要进一步结合政府行政体制改革和职能转变，推广政府向社会组织购买社会服务的新机制，借鉴港澳及桂城经验引入社会工作专业服务，提高全区社区服务专业化水平。首先是政府购买服务，然后按照合理分工、专业服务、市场调节的原则，不断完善政府购买服务机制，扩大政府向社会组织购买社区服务的范围，推动政府向社会组织转移职能。明确社会组织能够提供同类同质服务的，政府及职能部门应优先向社会组织购买，按照"费随事转"的原则，以项目管理或委托协议的方式推进，形成"购买法制化、治理法人化、运作市场化、监督社会化"的政府购买服务模式，逐步实现一村（居）一社工。

4. 完善社区志愿服务站点布局，逐步实现一社区一特色和一志愿服务连片模式

志愿服务是当前衡量精神文明建设水平的重要标准，南海区应以文明创建常态化、长效化为契机，持续推进志愿服务制度化、常态化建设，通过完善社区志愿服务站点布局，总结推广和完善桂城街道志愿服务供需对接机制、回馈激励机制、与社会治理创新结合机制，逐步实现一社区一特

色、一社区一志愿服务站的目标。要实现学雷锋活动常态化、志愿服务制度化落到实处，促进社会和谐与民生改善，提高村（居）民个人的文明素质。

5. 建立并完善区乃至市统一的志愿服务运作平台

该平台用于收集居民需求、发布志愿服务信息、志愿者登记及管理、监督、评价等方面，实现志愿服务的供需对接。

6. 充分发挥社工的专业性与志愿服务的广泛参与性

丹灶镇丹灶社区面对区内有大大小小近60家商铺，商铺门前的人行通道被占满，商铺摊贩乱摆乱卖严重的问题，通过"义工＋社工＋执法人员"的模式，通过志愿者为执法部门"打头阵"的方式，对商家进行刚柔并济的劝导。同时，让铺主加入社区自治的行列，建立商铺联盟，督促商铺文明经营。事实证明，大力推广和完善"社工＋义工"模式，通过一支专业社工带领下的全民义工队伍，使社工具有的组建团队、规范服务、拓展项目、培训策划等方面的专业优势，与义工具有队伍庞大、人才众多的群体优势得以有机结合，有效提升服务质量和水准，最终达成群众受益、社工提升、义工也收获快乐的"三赢"格局。

7. 公益慈善机制

（1）激发民间活力机制。以创新慈善活动形式推动慈善融入村民生活。政府通过统筹指导和监督，把民众喜闻乐见的活动与慈善有机结合起来。例如，西樵正月祈福、万人斋宴、观音文化节等活动，能更好地集腋成裘，助力南海慈善。

（2）抓好冠名基金的创设、扩量以及活化工作，通过宣传引导、上门推荐、典型示范等推介活动，鼓励更多的热心人士通过设立冠名基金的形式参与慈善事业。

（3）广泛参与机制。以"人人慈善为人人"为口号，最大限度地畅通慈善渠道，让企业和市民都能自主参与其中。主要围绕"慈善＋艺术""慈善＋体育""慈善＋消费"开展民众喜闻乐见的慈善活动，营造浓厚的慈善氛围，让企业、个人均可轻松参与，打造全新的慈善平台。

（四）健全村民自治机制

1. 完善协商制度

通过构建各利益相关方民主协商的常态化机制，促进社区公共事务及问题的解决。继续完善已在村（居）设立的"社区参理事会""市民议事厅"等吸纳乡贤参加，引导村（居）民主动参与"文明村"建设。通过出台村（居）民议事会组织规则等制度，全面修订完善村规民约和村落公约，培育村民的社区认同，为村（居）民达成有效的文明行动奠定共同思想基础和制度基础。

2. 供需对接机制

对于村（居）设施破败、环境脏乱情况，以"村居自治"推动老旧村居的环境自治。由政府推动的村居改造工程、公益服务，其公共设施、公益服务内容、形式应与村居民讨论决定或以"社案"的形式传达到区（镇）两级政府，村民通过参理事会协商形成共识和实施程序，委托村民自治组织予以落实。

（五）健全动态考核激励机制

1. 示范宣传引领激励机制

"文明村"的建设和发展是一个比较漫长的过程，与之相适应的文明创建活动必须获得源源不断的动力支持，并进行不断的层次提升，这就要求建立健全崇尚先进、鼓励冒尖、鞭策后进的过程激励机制，它通常由精神激励机制和物质激励机制所组成。精神激励机制的建立，首先要善于发现、树立和培育"文明村"创建活动中涌现的先进典型，并打造文明创建活动的先进品牌，这是精神激励机制中最基础的工作。通过继续开展道德人物、"南海好人"的活动，用善行善举传递正能量。

要创新文明宣传手段，充分利用各种载体，特别是新媒体，采取灵活多样的形式，广泛深入地宣传先进典型、身边事例，传递正能量。例如，举行随手拍下"微文明"活动，利用先进模范的可模仿性价值和存在空间，这是精神激励机制的关键环节。

2. 创新平台和制度设计激励机制

人们创建文明的活动在本质上是由人们的意识和行为参与并且对人们的意识和行为方式规范加以积淀和固化的活动，这是一个自觉和不自觉的过程。道德赏罚是社会赏罚的基本形式，也是道德调控的重要手段，它是通过对道德行为奖励和对不道德行为的惩罚，帮助人们明辨是非、善恶，从而引导个体走向道德自觉的一种道德调控方式。它对个体道德自觉的生成与发展，对于个体道德自觉人格品质的塑造具有重要的推动和促进作用。狮山中心小学"爱心存折",把学生在学校、社会、家庭所做的好人好事全部记录在里面。将无形的"爱心资本"变成有形的"爱心资产",鼓励学生积累"爱心资本",它改变了原有的空喊爱心口号的教育方式,化无形为有形,将学生的爱心力量化成看得见摸得着的东西,形式新颖,能够吸引学生参与,并营造一个人人争做好人好事的良好氛围。

3. 动态考核激励机制

区文明委要加强对村居文明创建工作的督促检查,定期和不定期地进行抽查和督办,经"文明村"工作委员会议定的事项,由"文明村"工作委员会办公室会同区委督查室、区政府督查室进行联合督查,由区监察部门纳入专项监察。扎实推进"文明村"工作的落实,确保"文明村"建设长期有效开展。

4. 设立达标村居奖和示范村居奖,建立奖励机制

充分发挥道德的力量,不断扩大和强化先进典型和品牌的示范效应,在全社会都形成崇尚先进、学习先进、赶超先进的良好氛围,这是精神激励机制的价值创造。建立物质激励机制,通过评审对达标的村居奖励10万元,对示范村居奖励30万元。

第三节 佛山市南海区大沥镇网格化治理研究

随着我国经济社会的快速发展,公共服务需求不断增加,社会矛盾和问题越来越多,城市管理的难度日益加大,传统的以突击式和运动式为主要手段的粗放管理模式已经不能适应新形势的发展。由此,我国开始了城市管理的新探索,网格化管理成为其中的一种重要方式。其中,南海区大沥镇的网格化管理较为成功,表现为——依托社区对居民开展了有效治理。本节结合实地研究,分析大沥镇网格化治理的成效,分析存在问题,并就完善以网格化的方式实现社区治理提出完善对策。

一、概述

当前,学界和政府普遍认为城市网格化管理来源于国外街区的网格化管理理念,即将"网格化管理"引入社区,在不改变原有街道和社区治理结构的基础上,依托原有行政组织结构进行城市管理的流程再造,把特定

行政区域划分成为一个个"网格",使这些网格成为政府管理基层社会的基本单元,实现对传统社会管理模式的精细化和扁平化发展。因而,网格化管理具有精细化管理、人性化服务、多元化参与和信息化支撑四大特征,能够把社会建设、社会管理与社会服务更好地与城市运行相结合,促使城市更加有序地运行。

网格化作为创新基层社会治理的重要工具,其概念与实践已经在我国各地展开了多年的探索。2003年,上海市在城市建设中提出了网格化管理理念;2004年9月,北京市东城区成立了北京市东城区城市管理监督中心,同年10月正式运行网格化城市管理新模式。随后,我国各地都开始了城市网格化管理的探索,其中以北京东城区网格化服务管理新模式、上海长宁的综合服务管理体系、浙江宁波的网格化管理组团式服务、山东诸城的多村—社区近距离服务、湖北宜昌市的"一本三化"以及深圳市南山区的"一格三元"等模式为典型。2013年,党的十八届三中全会强调要创新社会治理,以网格化管理、社会化服务为方向,健全基层综合服务管理平台,为网格化的发展提供了政策保障。

在此背景下,佛山市南海区也依据本土实际在2014年开始推行网格化管理。南海区采取试点先行、分步推进的方式,在狮山镇罗村社会管理处、大沥镇和里水镇率先开展"社区治理网格化"综合试点工作,将首批9个部门的88项任务清单纳入网格管理。2016年4月,南海区在全区全面铺开网格化工作,实现社会治理网格化的全覆盖。同年12月,南海区制定了全国首份社会治理网格化事项标准,对137项社会治理入格事项完成标准编制,制定事项业务手册,正式进入网格化的运行实施。南海区在全省率先完成行政审批标准化建设工作并在全省复制推广后,再次在全省乃至全国率先掀开社会治理标准化新篇章。

其中,大沥镇作为南海区首批网格化管理试点之一,更是在此过程中积极探索,在近几年的实践中积累了相当丰富的经验。网格化管理有效地提升了社会管理与公共服务的功能,推动政府转变管理服务职能。但是,网格化在大沥镇内各社区中的运行效果又有所差异,暴露了一系列问题,影响了网格化管理的进一步发展。基于已有调研成果,已发现的问题可以总结为网格化划分科学性不足、网格化工作队伍管理不规范、网格化管理考核机制不健全以及网格化信息技术水平有待提升等方面的问题。针对已有问题,本调研旨在对大沥镇开展实证研究,在已有调查成果的基础上,进一步认识与分析网格化管理面临的现状与困境，并具体挖掘问题产生的原因，从而探讨完善网格化管理的机制与相应的实现路径，提升网格化管理的效能。

二、社区网格化治理成效分析

网格化工作开展的重要基础是查办分离的工作机制，即一方面通过网格化实现各支线工作向基层的充分渗透，实现问题的优先发现，另一方面在问题发现的基础上，实现问题处置的筛选，把部分社区层面力所能及解决的问题在基层处置，把部分超越社区工作能力的问题上报至对应的职能部门，通过构建问题处置的筛选机制，有效配置社区与镇级职能部门的工作资源，分工合作解决社区中的各项问题。

因此，对于网格化的讨论需要嵌套在"查办分离"的工作流程中。具体而言，对于每个领域工作在社区层面的讨论，"查办分离"的工作流程可以分为"查"与"办"两个环节，"查"即发现问题，可以分为获知问题、了解情况与对问题进行分类与筛选两个步骤。其中，获知问题可以分为网格化工作巡查中的主动获知与群众日常反映的被动获知，在了解情况后需要进行相关的分类，即对所有的问题依据社区网格化工作团队的工作能力，判断为专业问题或非专业问题，从而结合获知问题与分类问题各自的难易程度组合，判断在"查"以后的"办"应当是上报职能部门处理，或是把问题留在社区一级解决（见图4-1）。

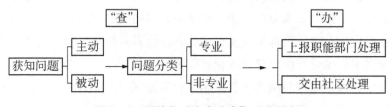

图4-1 网格化"查办分离"工作流程

基于南海区推行网格化工作的大背景，大沥镇在2014年作为第一批试点参与网格化治理探索，网格化工作开展时间较长，形成了一定的经验，工作运行已处于较为成熟的阶段。但是，从效能提升的角度来看，它的网格化治理也进入了瓶颈期。本部分将基于大沥镇过去几年在社区治理的多个领域的统计数据与相关的访谈材料展开分析。

（一）总体分析

作为问题发现与处置的机制，网格化在大沥镇开展的过程中在各支线的应用程度也有所差异。从大沥镇的统计数据发现（见图4-2），工作人员在网格化工作中解决的问题主要是消防（87.2%）、安全生产监督管理（71.0%）、卫生计划生育（55.9%）与城管（54.1%），这与其对应的工作性质相关（下文将展开分析），且与社区以往管理的工作重点相符。因此，网格化总体而言是以一种更为规范化的手段对原有的社区工作进行整合，这也反映出了社区管理日常面临的难题与网格化的工作重点。实际上，在目前网格化工作中，应当分为"问题发现"与"问题处置"两个环节，但实际工作中并没有做好相应的区分，即在工作过程中往往同时包含问题发现与前置处理的环节，缺乏对于网格化"查办分离"工作流程的足够区分，一定程度上不利于网格化工作机制的效能发挥。

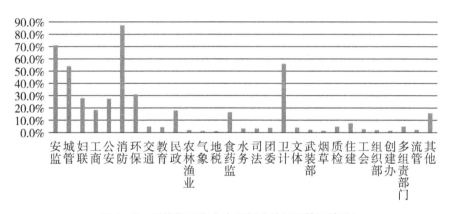

图4-2 网格化工作中主要解决的问题情况统计

基于大沥镇的上述统计数据，我们对消防、人力资源与社会保障、公安、安全生产监督管理、卫生和计划生育、环境保护、卫生监督、妇联流动人口管理九个领域的统计数据进行了分析，可以总结出网格化实施前后有相当的变化，剖析网格化工作机制在各领域的应用，可以在一定程度上体现网格化的成效。

1. 消防领域

作为问题发现与处置机制，网格化在消防工作的网格化实施后得到较大的改善（见图4-3）。2013至2015年，大沥镇发生火警的数量显著增加；但随着网格化工作的深入推进，消防作为其中的重点内容被不断规范，网格员对出租屋、厂房等各种场所开展消防设施设备检查、消防安全隐患排查，还面向社区居民大范围地普及消防知识，大沥镇的消防安全工作得到了较大的提升。2016年与2017年的火警数量大幅度减少，其中2015年至2016年的减少率达到77.3%。火警数量在2016年大幅度减少之后，2017年有所回升。

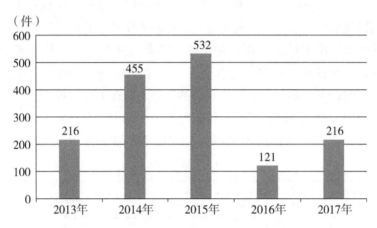

图4-3　2013—2017年大沥镇火警事故数量统计

消防工作的成效与大沥镇的实际工作状况相关。一方面，2016年大沥镇的社区网格化治理工作从试点转向全面普及，不断加大的工作力度得到了社区的关注，在社区的"落地"较好。虽然消防工作由原有的专职消防协管员转为由网格化巡查员负责，但其实际上的工作内容并未有明显的变化，主要体现为工作的要求上会依据网格化的标准相对规范化。因此，网格化实施后消防领域的成效主要与增强的巡查力度相关，通过日常的常规巡查，有效地检测社区中的消防隐患并提醒整改，通过网格化的工作规范了消防领域对问题的检查与发现，防患于未然，实现了在社区层面对消防问题的高度重视。而由于消防问题的特殊性，往往在相应问题发现后即能够通过提醒与监督等方式促使有关商户或是住户实现整改，因此其前置问题处置率普遍较高，这说明网格化工作机制实现了消防问题在基层的发现与处置。然而，值得注意的是，其中对问题的处置普遍为前置处理，由于在网格化工作机制中大多数社区并没有实现人员上的查办分离，导致了实际工作中的查办合一，尽管网格化在消防中能够发现与处置问题，但本质上混淆了两方面的工作机制。另一方面，2016年3月，大沥镇被广东省消防总队列为消防重点整治单位，全镇上下用了半年时间开展消防安全整治大行动，"运动式"整治有一定效果，但由于缺乏长效机制，这也是一种难以持续的、突击性的工作态势。所以，到2017年，网格化治理的问题逐渐显现，消防安全整治的热情也难以为继，火警事故又有所增加。因此，相关部门的工作注意力的转移也使得社区层面对消防问题的重视程度有所变化，影响了其在相应领域的工作关注度，导致工作成效的显著程度有所降低。

在消防领域的问题发现环节中，网格化渗透于社区的工作机制很大程度上地保障了消防工作中的日常检查的深入开展，能够通过日常的网格化巡查工作主动地获知潜在的消防隐患（出租屋的灭火器情况、消防通道畅通情况等），承担了发现问题的功能，取得的成效是高度的政策重视与落到实处的工作机制的综合结果。但同时，在网格化的实际工作中，由于网格化的考核机制设定，工作中存在倒置现象，社区巡查员的工作本来是发现问题、初始处置问题，但落户巡查的主要精力分配不足，一定程度上并没有充分发挥网格化发现问题与处理问题的作用。然而，值得注意的是，消防领域的工作也有难度的区分，具体体现为通常的消防检查较容易，但是对于消防领域中的建筑规范专业性较强，检查难度较大，因此，消防领域的工作中也有发现的难易程度区分。而对于消防隐患的处置，网格员只能起到提醒劝导作用，是否能得到有效整改最终还需基于主体责任方的配合情况，其在办理该领域问题的时候也存在相当的难度。因此，对于网格化机制在消防领域中的发现和办理的难度需要分开讨论。

因此，网格化工作机制在消防领域一定程度上发挥了较强的发现问题与处置问题的作用，但是需要基于不同难易程度的工作内容开展讨论，因此，难以简单判定网格化机制在消防领域的工作适宜性。对于消防领域中难度系数较低的工作，留在社区一级处理更具有成效，但也需要在今后的工作中予以更高的关注，加强对社区内消防问题的发现与处置力度；对于消防领域中难度系数较高的工作，可以转交给职能部门专项处理，提升对应工作的效能。

2. 人力资源与社会保障领域

从数据上看，作为入格事项的劳资纠纷的欠薪事件数大大减少。2010年至2014年，大沥镇欠薪事件数量整体上呈现增加趋势；到了2015年达到了最大值，但在随后的两年实现了大幅度的降低，下降幅度依次为

28.4%与16.5%（见图4-4）。具体作用上，主要体现为网格化的工作开展能够加强企业劳资状况巡查，人力资源和社会保障部门能及时知晓企业欠薪情况并提前介入，同时为劳动者提供各方面的协助，规范劳资关系的构建，缓和并改善劳资双方关系。

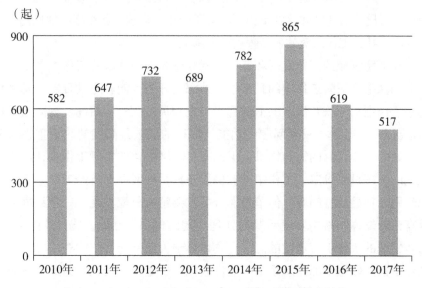

图4-4　2013—2017年劳资纠纷欠薪事件数量统计

然而，在实际工作中，据人力资源和社会保障部门反映，网格化工作机制的实际成效有待进一步探讨，其在该领域的实际成效依然存在较大的提升空间。虽然数据显示网格化工作实施以来共巡查28万余次，但真正依据网格化上报的工单排查出来的问题很少，劳资纠纷主要还是由职能部门既有的主动问题发现机制检测得出，而并非由网格化巡查排查所得，这意味着网格化对于劳资纠纷领域问题发现的作用并不显著，其中的原因包括了网格员的专业素质与知识水平不高、工作人员由于无执法权而企业配合力度不高。因此，这反映出网格化作为问题发现与处置机制，在人力资源和社会保障领域其并没有实现高效的问题发现机置，更多体现在为完成工作的指标或是绩效的考核实现"刷单"，其真正能够识别的问题少之又少，一定程度上加大了职能部门的工作量，浪费了工作资源。对于问题的处理，由于其执法权限的问题，因此不再讨论其问题在社区层面的处置。

总体而言，网格化工作在人力资源和社会保障领域的应用成效并不显著，尤其体现在发现问题的过程中由于执法权的限制等原因并没有充分发挥作用，问题的处理更是难以开展。因此，在该领域中，网格化工作的改进方向可以考虑多个方面有针对性的提升：一是调整考核机制。应该从原有以发现问题的单一考核机制为主，发展为结合发现问题与解决问题进行考核，而当前缺乏进一步的考核容易使得工作人员存在较大的自由裁量空间而"刷单"，因此考核机制应当更为注重实效。二是完善网格化工作流程。把以往仅记录工作成果转变为记录过程，可以考虑在工作过程中上传对应的企业资料作为依据，这方面也与网格化工作人员的执法权缺失导致的企业不配合相关，因而，在该领域网格化工作面临的最根本的问题是需要考虑网格化工作人员的身份与对应的权限问题。三是探讨是否应当把人力资源和社会保障领域的相关工作任务保留在网格化的工作机制中。研究是否可以通过重新界定入格事项，以提升该领域的工作效能。

3. 公安领域

近年来，刑事治安案件数量大幅下降。在网格化工作开展之前，刑事治安案件数量在2012年到2014年均在15000宗左右（黄岐、大沥），2015年增加到21261宗，这是因为2015年起加入了盐步的数据，单从黄岐和大沥的数据看，总数是14990，相对较稳定。而在网格化工作正式开展之后，2016年治安案件数量下降到15572宗，2017年则为10286宗（见图4-5），为历史新低。由此可见，公安领域工作成效在近年来较为明显。

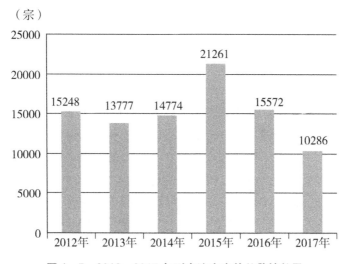

图4-5　2012—2017年刑事治安案件总警情数量

然而，治安总警情的变化情况与网格化工作的关系却有待探讨。具体体现为，网格化中公安领域事项的专业性较强，如其涉及各种法律条文，网格化工作人员对各部门职责工作不清晰，因此会存在上报内容遗漏、与公安部门本职工作重合或是与公安职能工作不相关的情况，网格化工作作为一线问题的发现机制在公安领域的作用较为有限。对应职能部门认为近年来的公安领域成效与网格化并无显著的相关关系，甚至认为网格化工作的考核机制压力在一定程度上增加了公安系统的工作量。实际上，这与公安领域工作的性质相关。由于其工作的特殊性，网格化在此领域更应定位为问题的发现机制，然而由于网格化工作中往往优先完成对应的工单（通常并不涉及公安领域），再在巡查过程中发现工单规定以外的其他问题，因此其工作关注度的限制使得其一般难以检测到公安领域的问题。或是由于公安领域事件的危险程度，部分工作人员甚至会选择性地忽视相应的问题。因此，虽然在网格化开展的数年内，公安领域的工作成效明显，但是网格化工作机制在其中的成效贡献有待考虑，是否需要在网格化工作中保留对应的公安领域的入格事项，也需要基于公安领域事件的特殊性与网格化工作的性质进行重点探讨。

总体而言，由于公安领域问题的特殊性与危险性，网格化工作机制在实践中往往难以发现问题，把问题留在社区一级处理也不甚合理，因而更适宜把相关事项转移到对应的职能部门处理，由特定的公安队伍高效地处理相应问题。

4. 安全生产监督领域

在安全生产监督领域，网格化覆盖范围较广，涵盖了超过30项的入格事项，基本将安全生产监督部门对社区考核的职能全面覆盖在网格化工作中，3个巡查组（职业卫生安全组、危险化学品组、综合巡查组）均有对应网格化入格事项。其中，由于南海区下放的任务逐渐增多，危险化学品组和职业卫生安全组均从综合巡查组中分出来。总体而言，网格化的工作对于安全生产监督工作而言充当了"触角"的作用，即通过日常的派单巡查发现了一线的安全隐患，作用较为重要。

数据显示，近年来安全生产事件数量略有下降且伴随波动。2015年前，安全生产事件数量在15至23件之间浮动，没有明显的上升或下降的趋势。而在2015年网格化工作开展后，安全生产事件数量一度降低至12件，在2016年事件数量为13件，在网格化工作的前两年，安监事件数量略有下降，但在 2017 年回升到 19 件（见图 4-6）。

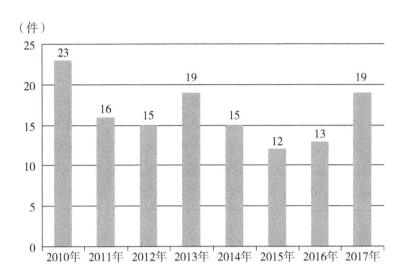

图 4-6　2010—2016 年安全生产事件数量

由此可见，该领域网格化工作的成效并不明显。这主要与三个方面的因素相关：①安全生产这一领域的事件具有偶然性，总体来说事件数量较少，样本量较小，难以形成足够的样本用以分析成效。②与其他领域类似，网格化在安监工作中也面临专业化的高要求难题。具体而言，由于入格事项中涉及需要专业知识（如细分的保险条款等，且部门可以请第三方到社区、厂企宣传，效果会更好）的内容，网格员往往由于专业技能的相对不足而难以处理，加之网格化的工作人员有前置处理权而无执法权，因此对于部分工作的发现与处理的妥当程度有所不足。③由于目前入格事项中的巡查单位主要为工贸（工厂、贸易）类，但个体户作为部门日常巡查对象之一并未纳入入格事项中，存在空白（如维修店、仓库等，通常由消防来监管），造成了网格化工作的覆盖漏洞，影响了网格化工作机制的实际成效。

具体到网格化"查办分离"的工作机制，在安监领域的运行难度较大。主要体现为网格化工作中较难获取相关的问题，且其专业性要求较高，较难进行相关的分类并在社区层面处理，更适宜交由职能部门进行专门的处理。

5. 卫生和计划生育领域

卫生和计划生育领域，近年来开展的工作成效需要分开讨论。

一方面，医疗纠纷事件总数逐年下降。从2013年到2017年大沥镇医疗纠纷总数逐年下降，从2013年的44件降低至2017年的17件（见图4-7）。医疗纠纷数量的下降得益于医疗水平的提高、医患关系的缓和、纠纷调解机制的完善。数据表明，近年来卫生和计划生育工作的效果越来越好，但相比2015年前网格化的优势并不十分明显。目前，入格的医疗纠纷工作其专业性要求相对较高，而通常发生于医疗机构内，因而网格化工作实际上能够起到的作用会受到一定的限制，因此该领域的成效实际上并不能归功于网格化工作机制的推进；相反地，基于网格化检测该方面问题的高难度与低效性，应当讨论是否应当实现该部分工作在机制中的"退格"，交由对应的医疗机构实现内部的发现与上报，提升问题发现与处置的有效性。

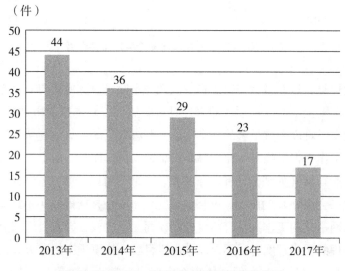

图4-7 2013—2017年医疗纠纷事件数量

另一方面，卫生和计划生育部门的网格化入格事项以系统的信息采集为主，工作量较大。但是，由于卫生和计划生育工作的信息统计较为烦琐，在实际的工作过程中容易成为工作人员为了单据的达标而"顺手"勾选任务完成的情况，实际上的有效单据数量较为有限，重复派单现象多发，往往造成了网格化工作巡查中上报了大量的单据，但还需要职能部门工作人员严格筛选其中有效的单据，无形中增加了职能部门的工作量。因而，在网格化工作的过程中，应当考虑具体到"人"的网格化工作方式，如考虑在录入信息的过程中附上具体的照片作为证据,以"事件上报"的方式替代原有的打钩上报的登记形式,保障工作的真实性。

因此,相对于医疗纠纷事件的处理,人口信息的统计更具有借助网格化工作实现的需要,不断结合实际工作的情形调整入格事项,借助于网格化工作机制对基层的"渗透",减轻卫生和计划生育部门的工作量。此外,职能部门反映,网格化还希望其可以增加基本公共卫生服务的宣传工作,通过日常的巡查把相关工作面向居民进行宣传与知识普及。

总体而言,网格化工作在卫生和计划生育领域中的应用也需要基于"查"与"办"分开讨论。其中,就目前卫生和计划生育领域的入格事项而言,对于获知情况,目前的网格化在了解卫生和计划生育领域的问题时成效并不显著,获知问题的准确性较低,这并非与工作的难度相关,实际上通过日常巡查获知卫生和计划生育相关信息的难度系数较低,但其总体的工作量较大。因此,目前成效的不显著更应归结于工作中的重视程度,且由于在处理问题的过程中专业性的限制,该类型的工作通常交由职能部门处理。而对于职能部门反映的宣传工作,则需要在下阶段的工作中重新划定相应的入格事项,利用网格化社区渗透力强的优势,提高在宣传工作中的应用可能。

6. 环境保护领域

网格化实施后,大沥镇厂企废水污染事件数在 2014 年后有一定幅度的下降,但是在 2016 年到 2017 年有了一定程度的增加,从 36 件增加至 61 件,表明废水的治理依然需要给予高度关注。相对地,厂企废气污染数量有了明显的下降趋势,从 2014 年的 36 件减少到 2015 年的 3 件,并在 2016 年到 2017 年维持在较低的水平(见图 4-8)。

究其原因,环境保护领域的成效与多方面的原因相关,最主要的是依赖群众的力量。得益于投诉渠道的不断丰富与群众的意识不断提高,居民能够便利地通过电话和微信平台举报相关的环境污染问题。相对而言,网格化工作的问题发现机制成效并不明显,原因可以分为网格化工作人员的专业性限制影响判断与工作问题上报的滞后性两方面,其机制甚至比群众的问题反映数量更少。因此,作为问题发现与处置机制,网格化工作在环境保护领域的实际工作效用相对不足,应当进一步讨论是否应当保留其入格事项,或应当如何完善对应机制。

总体而言,网格化工作在环境保护领域中发现问题难度并不大,很多

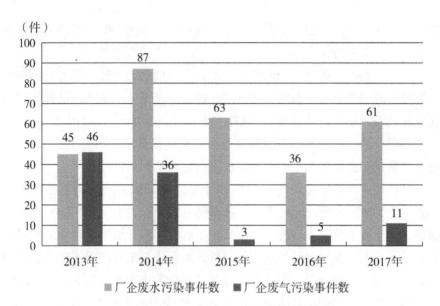

图4-8 2013—2017年厂企污染事件数量

居民群众也能够通过微信与电话热线的平台举报相关问题,这也反映了群众的举报作为一种更有效的途径,可以一定程度上替代网格化的问题发现与反应机制。其次,对于社区而言,由于执法权限的问题难以督促相应污染源进行整改,因此其更适宜交由相应的职能部门专项处理。

7. 卫生监督领域

近年来,该领域的工作也随着网格化的实施有了较明显的成效。营利性公共场所无《食品卫生许可证》擅自经营事件数在2013年开始有了明显的下降,从2013年到2017年,平均每年均有不同程度的下降(见图4-9)。工作的成效与多方面的因素相关:①《食品卫生许可证》的办理实现"宽入严管",办证手续的便利降低了营业人员办证的难度,提高了办证的积极性;②各级政府的普法工作程度不断提高,覆盖面也不断扩大,通过系列宣传活动提高人们的法律意识;③网格化工作的开展加强了管理处置,常规化的巡查管理也形成了对营业人员的督促压力。因此,总体而言,网格化工作的开展对于卫生监督的工作起到了一定的促进作用。

然而,网格化工作在卫生监督领域的成效依然存在较大的提升空间。据统计,2015年至2017年期间,卫生监督部门合计收到工单7条,但相对部门原有的主动检查机制的数量而言,效果并不大。这与多方面的因素

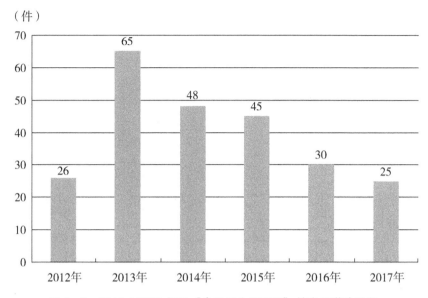

图 4-9 2012—2017 年无《食品卫生许可证》擅自经营事件数

相关。一方面，由于卫生监督的工作具有一定的专业性，而网格化工作人员队伍的素质参差不齐，难以满足工作的要求；另一方面，由于网格化工作人员往往身兼多职，能够分配的时间与精力相对有限，也影响了卫生监督领域工作的开展。因此，目前卫生监督领域中的网格化工作依然存在较大的提升空间。而是否有必要继续在网格化工作中保留卫生监督领域的入格事项，则是另一个需要讨论的问题，即是否需要把专业性要求高的工作内容交还给对应职能部门负责。

总体而言，网格化工作在卫生监督领域的成效并不显著，这与其工作机制与卫生监督工作的适配性相关。一方面，在问题获知环节，其主动了解有效信息的难度较大，这也体现在过去数年的有限的工单数量上；另一方面，卫生监督工作的专业性要求较高，这意味着相关的工作更适宜交由职能部门专项处理，留在社区一级处理的难度和有效性均较为有限。

8. 妇联领域

该领域的入格事项为婚姻家庭关系纠纷，其在 2014 年至 2017 年有了较大幅度的增长。在 2014 年与 2015 年，该类型的事件数维持在 30 件以下，但是在 2016 年与 2017 年，其大幅增长到超过 110 件，尤其是 2015 年到 2016 年增长接近 5 倍。

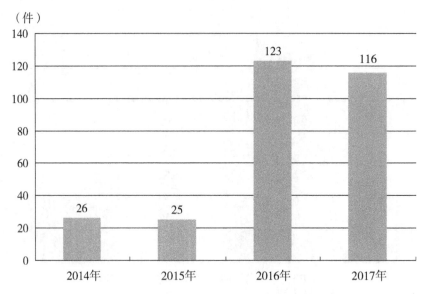

图4-10 2013—2017年婚姻家庭关系纠纷事件数量

然而，该入格事项的必要性受到质疑。具体而言，目前的入格事项的内容与职能部门的本职工作内容区别不大，婚姻家庭关系的协调也具有自身的特殊性，所需要的时间周期较长且情况的反复性更高，因此与目前依然依据日常巡查发现问题的网格化工作模式并不匹配。相对而言，目前通过网格化机制发现与妇联入格事项相关的问题实际较少，社区居民主动寻求职能部门的意识增强，有问题会直接向社区或镇级的职能部门反映，且多数在社区层面得以解决，因而很多并不需要网格化工作的介入。因此，是否需要在网格化入格事项中保留相应的内容仍有待探讨。

因此，网格化工作在妇联领域的应用兼容性有待提高。一方面，在问题的发现环节，其主动获知情况的难度系数更高，居民们更可能直接到职能部门反映问题。另一方面，由于妇联领域问题的特殊性，处理问题的专业性要求较高，处理的时间周期也较长，使得问题的处理具有较大的难度。因此，更适宜进行相应的考量，重新界定是否应当保留原有的入格事项。

9. 流动人口管理领域

在该领域，网格化工作发挥了重要作用。具体而言，网格化工作机制充分发挥了问题发现的作用，在巡查中开展较为全面的出租屋与流动人口信息登记，为流动人口的管理提供了数据基础，构成了流动人口管理工作的重要部分，也为其他部门开展工作提供了充分的信息基础。然而，由于流动人口管理的工作人员具有另外的编制与支线，由镇级层面统一管理，因此流动人口管理支线的工作人员实际上接受"多头管理"，具体体现为流动人口管理专管员兼任网格员，网格化工作任务繁杂，同时接受镇与社区的管理，且当其他部门有专项工作时也会调取该部门工作人员支援，这无形中会分散对应工作人员对于主线工作的精力，一定程度上会影响网格化工作的实际成效。此外，由于流动人口管理专员属于网格化工作人员编制，日常还需要协助公安、消防、安全生产监督、环境保护等部门的工作，工作任务多样且工作压力较大，其工作的质量与积极性均受到较大的影响。

目前，流动人口管理领域在网格化工作中存在的最大难题是有限的人员与大量的工作之间的矛盾。首先，实现专管分离是网格化制度优化中一个可以考虑的重要方向。其次，流动人口管理的工作职能应当进一步明晰，基于大沥出租屋的特殊性，流动人口管理的工作量较大，因此其工作职责应该清晰划定为摸清出租屋与流动人员的基础数据，对应工作人员的职责应当与此相匹配。最后，流动人口管理工作还面临部门之间职责划分不清晰的难题，主要体现为执法处置的"恶性循环"，即由于流动人口管理缺乏相应的执法处置权，当反映问题到对应部门往往面临的是"一纸公文"而并无实质性的处理，而这工作考核归结于流动人口管理部门，因此执法权的缺乏与部门之间的协作不足影响了其实际的工作成效。

（二）小结

综合多个领域的数据分析可知，网格化作为问题发现与处置机制，其在各个具体领域的成效各不相同，这与网格化工作机制的特征与对应工作的特殊性相关，具体可以参照网格化"查办分离"的工作流程中的"查"与"办"的环节，对网格化工作在各领域开展的难度进行讨论。

在问题检查环节，公安、人力资源与社会保障、卫生监督等领域由于对应工作的特殊性与所需执法权限的缺失，往往难以准确地获知相关情况。而对于流动人口管理、卫生和计划生育等领域，网格化工作充当了渗透社区的"触角"，作为问题的发现机制能够通过日常的巡查把问题前置处理，或是上报至职能部门，有效地弥补了职能部门相对"离地"的不足。网格化的工作加大了对相关领域的重视，加大检查力度并设置问题预警发现机制而减少了事故发生的概率，也发挥了其作为问题发现机制的功能。需要讨论的是，对于环境保护这方面的工作，虽然在网格化工作中发现问题的难度较低，可以由社区一级的网格化工作完成，但是否可以把群众的举报作为更优的工作机制替代网格化，以实现更高效率地工作，仍需要加以重点讨论。其中，消防领域的工作具有一定的特殊性，主要体现为其工作内容的难度差异大，部分工作发现问题的难度系数较低，而部分专业性要求强的工作则具有较高的发现问题的难度，因而需要依据工作难度的划定情况，对应地完善网格化的机制。

在问题处理环节，公安、安全生产监督管理与妇联等领域由于工作的复杂性与工作人员专业性的限制，往往具有较大的难度，从而影响对应工作的处理。因此，该部分工作更适宜直接移交至对应的职能部门处理。然而，需要讨论的是，问题处理的方式需要界定两种可能：一是对部分确实不适宜交由网格化工作团队完成的任务，要重新界定入格事项，把对应的任务直接交回职能部门处理；二是对部分可能存在较大的处理难度，但是需要依托于网格化机制获知情况的领域，主张通过网格化发现问题后分类移交至对应的职能部门。这也与访谈获知的信息相符。由于制度设计和现实因素的结合，网格化在不同领域的政策效果相差甚远，主要是由于网格化工作机制的问题处置力度不足。总体而言，在对各个部门的访谈中，不少部门（如卫生监督、妇联等）提出希望"退格"的申请，认为当前其在网格化的入格事项交由对应部门各自负责更为合理。此外，消防领域的特殊性需要再加以重视，即针对性地开展对应性的改进措施。

总体而言，"查"与"办"难度产生的具体原因可以总结为以下三个方面：一是专业性要求高，当前网格化工作团队的专业素质并未能完全与其匹配；二是事项复杂性与所需时限较长，而网格化工作限时完成的考核机制很大程度上限制了工作完成质量的提升，造成了对职能部门的工作压力；三是存在更优的工作机制，职能部门既有的工作模式或是发展的公众参与的途径等让网格化"触角"的角色地位相对削弱，应当把网格化的资源投放到可以获取到更优回报的领域，而把某些具体的工作"退格"到原来的职能部门全线负责。

基于以上的讨论，在网格化工作机制中，检查与办理均为中等及以上的工作领域（公安、安全生产监督管理、妇联、人力资源与社会保障、卫生监督），有必要进行网格化工作有效性的进一步探讨，研究是否应当保留网格化在该五个领域的应用，探讨是否应当退格。对于检查与办理难度较低的任务（卫生和计划生育、环境保护、流动人口管理），则可以深化网格化在其中的应用，探讨如何优化在网格化中的工作机制。而对于其中复杂程度较高的消防领域，需要依据其内容的专业性要求，有针对性地开展讨论。

此外，虽然近年来各个领域的工作都有了较大程度的提升，但实际上这与职能部门的工作也密切相关，难以把相关成果简单归结于网格化的实施成效。因此，网格化工作成效的分析中，也应该结合工作人员反映的相关情况，再次审视并完善网格化工作机制的可能与对应的路径。

三、大沥镇社区网格化治理存在问题及原因分析

（一）大沥镇的社区网格化治理存在的问题

除了对网格化工作中不同领域工作适用性的探讨外，基于对职能部门与工作人员的调查分析，还可以总结得出网格化工作在推行过程中也产生了相当多的问题，某种程度上形成了政策目标的异化，影响了网格化工作整体效能的发挥。具体而言，网格化工作机制存在的问题在制度层面与实践层面尚有不足（见图4-11），可以通过这两个角度加以剖析。

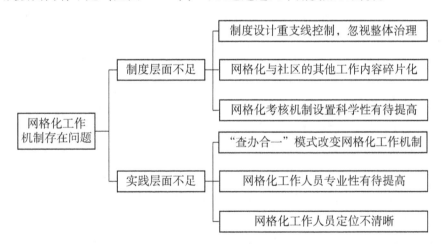

图4-11 网格化工作机制存在问题

1. 制度层面不足

网格化工作机制存在制度设计层面的不足，影响了实际开展的成效。具体体现为整合机制的缺位、工作内容碎片化与考核机制的科学性不足。

（1）制度设计重支线控制，忽视整体治理。在制度设计中，网格化缺乏对各支线的统一工作整合机制，碎片化的模式影响了整体治理的效能。网格化工作中各领域的工作对应大沥镇与南海区的职能部门，各支线的职责与内容分工对应分明，这在一定程度上可以使得对应工作部门保障工作处理的专业性，但是由于工作整体处于各自负责的碎片化状态，尤其是部分有效的基础数据并未实现共享，导致需要数据的部门需要各自收集，造成了工作的重复与资源的浪费。因此，制度设计层面缺乏整体合作的思维导致了各个部门忽视了部门之间的联动与合作，甚至存在对某些综合性的问题没有部门负责的情况，影响了网格化工作的整合发展与网格化的实施成效。

实际上，只有完善数据，才能提供发现问题、解决问题的标准。因此，社区工作的开展应当以充分的数据掌握为基础，而这需要各支线部门之间实现对应数据的共享，并在此基础上注重对应职能的沟通与协助，从而实现社区层面的整体治理。

（2）网格化与社区的其他工作内容碎片化。虽然网格化的本质是整合各支线的工作，但由于考核机制上依然是各自负责，因此网格化工作中各支线的工作并未能有效配合开展，这反而增加了社区的工作量。

对于社区工作人员而言，网格化虽然整合了大部分的社区工作，但这实际上只是把各支线的工作纳入网格化的工作体系中，各支线工作的上级部门考核机制未统一，除了纳入网格化的工作项目外，还有不少成为单列运行的工作游离于网格化机制之外。例如，除了网格化 App 外，社区还需要完成消防"四化"等其他四个 App 系统的巡查任务。这是由于目前的网格化工作只是在南海区实行而并未上升到市级层面整合统筹，系统的不兼容意味着负责相应工作的人员需要重复完成相似的工作内容，即网格化工作与其他工作的不兼容实际上加大了工作人员的工作量。对此，大部分工作人员均认为此举不明智且烦琐，希望相关的工作能够得到整合。

另外，目前大沥镇不少网格化工作人员属于兼职，即除了网格化的工作外还需要负责其他日常性的工作。访谈中，部分工作人员表示假若存在与中心工作有时间冲突的情形，会先选择处理中心工作。因此，面对增加的工作量，工作人员对于本职与网格化工作的排序方式也在一定程度上影响了网格化的工作效率与质量，一定程度上降低了网格化工作机制的实际效能。

因此，这需要在当前网格化工作与社区的其他工作事项实现"合并同类项"，把工作内容类似且相关的事项进行工作流程的简化与合并，提升网格化工作与其他工作的兼容性，构建统一的社区工作体系。

（3）网格化考核机制设置科学性有待提高。基于网格化的考核机制与权限设定，不少社区采取"上有政策，下有对策"的措施，这在一定程度上影响了网格化工作机制实际开展的成效。

一方面，由于网格化信息系统中明确了问题（事件）处理的时间限制，"工单按时完成度"则又是网格化考核中的关键指标，然而很多问题却又难以在限定时间内完成，因此部分社区工作人员习惯于采用技巧的应对措施（如延时开单，待问题即将解决了才开具工单）。由于整体考核的压力，网格化工作团队中的管理层对此也采取了默许的态度。因此，这实际上是网格化工作人员利用自由裁量权把网格化的时间限制"灵活处理"，并没有达到时间限定设置以提升处理效率的目的。这可能会产生的后果是，部分工作人员面对大量工作压力时，不得不延迟处理，造成了工作任务积压，无形中延误了问题处理的时间。

另一方面，由于网格化模式本质上是社区各支线工作的整合，通过信息化手段把社区各项工作综合置于统一的系统框架中。但实际上，各项工作依然处于碎片化的状态。消防、安全生产监督管理、流动人口管理等各个部门的工作依然是需要对应上级相应部门，部门之间并没有形成相应沟通，依然采用以往的模式开展工作，问题的处置权仍然掌握在职能部门手中。职能部门的工作面向全镇所有社区，工作量较大，处置问题的周期往往较长，但相应的"工作单"考核则只面对社区，职能部门超期限处置就会影响到社区的绩效考核。而部分问题社区无法解决，但通过镇指挥中心传递给职能部门后，职能部门会再次把问题"下派"到社区由社区自主解决，"绕了个圈又回到了社区"，问题依然得不到解决，而期限考核的压力又重新回到社区层面。结果导致社区发现问题后会先进行相应判断，如果判断相关问题"难以解决"时，就极有可能会采取逃避的态度而不主动上报，这同样也导致了发现的问题被无视，容易产生相应的问题隐患。

因此，当前的网格化工作的考核机制时间限定等方面设定的科学性有待提升，应切实实现考核机制的作用，规范网格化的工作流程，提升工作效能。

2. 实践层面不足

网格化工作在实际开展的过程中，也因为各种现实的因素导致实际的运作与制度的设想存在偏离，具体可以体现为"查办合一"模式改变了网格化工作"查办分离"的制度设计与工作人员在专业性与定位上的不足。

（1）"查办合一"模式改变网格化工作机制。在网格化实际开展的过程中，绝大部分社区并没有采用制度设计规定的"查办分离"模式，而是把"巡查"与"办理"两个环节合并到同一次工作流程中，即采取"查办合一"的模式。究其根本，可以从两方面加以剖析。一方面，由于社区承担的工作量较大，有限的工作人员难以及时处理问题，虽然"巡查员+处置员"的模式能够尽量保障问题的妥当处置，但往往需要较长的实施周期，因此部分社区选择采取"查办合一"的模式以缩短每一张工单所需的处置时间以达到考核的时限要求。另一方面，由于社区工作人员数量有限，还有些需要负责办事窗口的工作，社区分派巡查员或处置员岗位的自由度极为有限，因而部分社区倾向于把处置员的工作任务安排给巡查员合并完成，即同一团队的工作人员兼任"巡查员"与"处置员"，这使得工作人员往往在同一次的巡查中同时完成"巡查"与"处置"两个环节的工作，这就导致网格化巡查的效率降低、问题处置的质量无法保证。

然而，由于网格化本质上是问题发现与问题处置的机制，其基本的工作准则为"查办分离"，但是在实际工作的开展中，往往由于工作人员数量的限制与考核机制下的工作压力限制导致了"查办合一"，这相当于改变了网格化最基本的运作机制，工作环节的压缩容易影响问题处置的效果，偏离了网格化制度设计的目标。因此，网格化工作中实际存在的"查办合一"模式，是影响网格化实际效能发挥受到限制的关键性原因之一。

（2）网格化工作人员专业性有待提高。网格化工作要求网格员负责"全科检查"，但专业技能水平却无法满足工作需要。由于网格化工作是对社区原有工作的整合，虽然个别工作人员有对应负责的工作领域，但更多的工作人员则需要兼顾网格工作中的各个方面。而实际上，消防、公安、卫生与计划生育等不同领域对工作人员的业务技能要求并不相同，都有相应的工作规范。虽然南海区已经出台了相应的操作手册，但对于相当一部分工作人员（尤其是原有社区治安巡逻员等）而言其工作难度较大，在日常工作中难以判断问题的是与非。这一方面增加了工作人员的工作难度，另一方面容易导致工作人员采用"逃避"的做法，倾向于完成其他操作更为简单的业务以达到处理工单数的考核要求，这也同样会导致对问题的逃避，与网格化"更早发现问题与更好解决问题"的设计初衷相违背。另外，目前大沥镇对网格化工作人员的培训并不足够，通常为每年度一到两次全镇层面或多社区联合的业务培训，而各个社区对各自在工作中遇到的问题则较少开展相应的针对性培训，因此，难以为工作人员提供足够的专业技能培训支持，不利于工作人员业务素质的提升。

（3）网格化工作人员定位不清晰。网格化工作人员定位不清晰，可以分为以下两个方面。

第一，网格化工作人员对自身的定位不甚清晰。目前，网格化工作人员存在公开招聘和社区工作人员兼任两种形式，其身份定位有待进一步明确。结合相关研究，一方面，有学者认为网格化工作人员并未被纳入国家行政或事业编制，不属于居委会工作人员，一些地方认为他们是一般的社会工作者；另一方面，有观点认为他们属于政府购买公共服务的直接主体。在实践中，也存在大量网格化工作人员是由社区原有工作人员兼任，这虽然可以起到熟悉社区事务便于开展工作的效果，但是，容易存在社区本职与网格化工作相冲突的情况。同时，由于目前南海区尚未明确社区工作人员身份划定方式，各个社区对"网格化工作人员"的身份划定并不相同，部分社区把非网格化工作人员（例如办事窗口的办事员）纳入网格化工作团队中，把网格化的绩效奖励交由所有工作团队的成员共同分享。这对于巡查员与处置员而言，他们实际参与网格化工作可以获取的绩效"蛋糕"小了，一定程度上影响了他们的工作积极性，从而影响了网格化工作效能的发挥。而不清晰的身份定位也很有可能会直接影响公众的角色认同、网格化管理团队的发展，甚至会影响网格化工作人员的积极性。

第二，公众对网格化工作人员的定位认知并不清晰，影响了工作中的配合程度。大多数居民对"网格化"了解程度并不高，普遍认为一线的巡查员等同于以往社区的工作人员，而与巡查员接触最为密切的商户则大多认为巡查员是"检查消防的"与"治安巡逻的"，这又与巡查员的工作内容密切相关。因此，社会对网格化工作人员的定位并不清晰，一定程度上会影响他们对网格化工作的认可与配合程度。

因此，网格化工作中需要清晰界定工作人员的身份定位，并对公众加以有针对性的宣传，为工作的开展提供便利。

（二）存在问题的原因分析

基于网格化工作中的问题，可以基于以下三个方面讨论其原因。

1. 网格化工作设定的不合理影响了工作成效

基于对网格化查办分离工作机制的讨论，可以总结出网格化的入格事项划分存在不合理。

一方面，把所有职能部门的工作都整合到网格化的工作机制中，但其中的部分工作并不适合由社区层面的网格化团队完成。具体而言，基于对网格化工作机制中发现问题与处理问题的难度分析，检查与办理均为中等及以上的工作领域（公安、安全生产监督管理、妇联、人力资源与社会保障、卫生监督），有必要进行网格化工作有效性的进一步探讨，研究是否应当保留网格化在其五个领域的主要应用，或对于其中的入格事项进行深入的讨论，探讨是否应当继续保留。而对于检查与办理难度较低的任务（卫生与计划生育、环境保护、消防、流动人口管理），则可以深化网格化在其中的应用，探讨如何优化在网格化中的工作机制。

另一方面，网格化的入格事项涵盖多个领域的不同工作，但是入格事项的选择并未与对应职能部门开展有效的沟通，造成职能部门不得不被动接受工作的变动，并把已有的工作内容"分割"一部分下沉到社区，交由网格化工作机制完成。然而，虽然部分工作的下沉可以在很大程度上减轻职能部门的负担，但更多的职能部门反映其并没有减轻工作负担，转移给网格化机制的工作依然需要同时兼顾，这意味着职能部门的网格化入格事项的划分只是"锦上添花"，而并未因为网格化的引入而切实减轻工作负担，甚至网格化的工作质量不高还需要职能部门"兜底"，进一步增加了职能部门的工作量。

因此，设定网格化工作的"入格"与"退格"的有效机制尤为重要，政府应当充分与职能部门进行沟通，切实评估网格化在各支线工作中的实际效用从而重新划定入格的事项，并把网格化的资源应用于最适合于其"触角"角色的工作领域，实现术业有专攻，针对性地破解不同领域的难题，提升整体的治理质量与效率。

2. 权限定位与考核目标的矛盾限制了网格化的效能

虽然网格化本质上是社区工作的整合，利用信息化系统规范日常的工作从而提升工作的质量与效率，但在实际运作中却出现诸多不协调现象，造成此难题的原因有两方面。

一方面，其反映的本质问题是网格化工作定位不清晰，即网格化工作应该充当问题的发现机制或是问题的处理机制。作为发现机制，需要具备专业的检测能力，有效地在日常的巡查工作中协助职能部门发现问题。作为处置机制，由于缺乏对应的执法权，在日常的工作开展中往往依靠社区工作人员有限的威信或工作人员的非正式关系，缺乏足够的强制能力协助工作开展，容易造成在工作中因为缺乏执法权，在考核机制的压力下选择性地忽视问题，遗留隐患。因此，由于网格化并未清晰界定其作为问题发现机制或是问题解决机制的定位，影响了其工作内容的边界与权限难题，影响了网格化的效能。

另一方面，网格化的考核目标不明确，即考核社区时应该是考核问题被及时发现，还是考核问题被及时的处理。考核目标的差异很大程度上影响了考核对社区的激励作用，考核问题被及时发现的社区有主动权，考核问题被及时处理的社区却因为权力所限处于被动局面。正如前文论述，考核目标对于工作人员的积极性有相当重要的影响，这与网格化的权限定位相关。

因此，考核标准与机制设定的偏差对于工作的效能影响作用明显，而权限定位与考核目标的矛盾很大程度上影响网格化治理的效能，造成了工作开展过程中出现多方面的不协调。

3. 职能部门"条块"分割限制了网格化的效能

网格化的支线管理分割了总体治理，一定程度上限制了网格化的治理成效。

第一，网格化工作整合了安全生产监督管理、城市管理、卫生与计划生育、环境保护等不同职能部门的工作内容，但实际上职能部门只对各自的工作负责，而且上级职能部门大多选择继续沿用原有的考核方式，并没有依据网格化的开展设定相应的考核机制，于是社区只能被动"应对"上级职能部门的考核，这无形中增大了社区的工作量与考核任务，相当部分的社区会选择"趋利避害"，用技巧应对。因此，网格化还只是主要实现了在社区层面的改革，上层治理机制并未实现相应的调适进而影响了网格化的总体效用。

第二，由于网格化工作由南海区统筹，并未上升至佛山市的层面，而社区需要完成的工作不少是由佛山市统筹的，而该部分工作并未完全纳入网格化工作中，这也意味着社区工作人员工作量的增大，而统筹层次的限制也使得工作人员不得不重复进行输入工作，用以完成内容和程序类似但统筹层次并不相同的工作。对此，社区工作人员大多选择最大限度地使用自由裁量权开展工作，以完成工作考核。因此，并未整合的工作内容增加了社区的工作量与工作难度，性质相近的工作的碎片化加强了网格化治理工作统筹的系统性，整合网格化治理体系，是优化网格化的必然路径选择。

第三，对于网格化工作的效能，不能够回避的是不同职能部门工作整合完成的合理性与必要性的讨论。正如上文讨论的，网格化工作中各支线实际上是维持原有的工作模式，只是改变了"社区—职能部门"的纵向工作模式。而不同职能部门对应的支线工作差异较大，需要对应专业的要求，因此在日常开展中的接触大多停留在基础数据的交流与共享的层次上。然而，由于目前部门之间的信息数据依然处于各自保护的状态，因此影响了共同的工作效率。因而，考虑网格化工作与不同部门的工作性质，部门之间最重要的协作应为数据信息的共享，以网格化作为整合的平台，实现部门之间的协作。

四、完善社区网格化治理的对策建议

基于以上对职能部门与网格化工作人员的讨论，针对存在问题应提出对策建议。对于各个领域的工作，需要结合在问题发现（查）与问题处理（办）不同环节对于社区网格化工作团队而言的难易程度开展讨论；对于工作人员调查中反映的问题，也需要有针对性地逐项破解。

一方面，对于职能部门在网格化工作机制中的难易程度，检查与办理均为中等及以上的工作领域（公安、安全生产监督管理、妇联、人力资源与社会保障、卫生监督消防），有必要进行网格化工作有效性的进一步探讨，研究是否应当保留网格化在这五个领域的主要应用，或对于其中的入格事项进行深入的讨论，探讨是否应当继续保留。而对于检查与办理难度较低的任务，则可以深化网格化在其中的应用，探讨如何优化在网格化中的工作机制。另一方面，对于工作人员反映的难题，则需要结合职能部门的改进措施从网格化机制的制度设计层面加以改进。以下则为基于两方面总结而成的四个维度的改进措施，各职能部门可以结合自身情况有针对性地选择改进措施。

(一) 提升统筹层次，整合网格化工作机制

网格化工作中出现各类型问题的根本破解之道是提升统筹层次，实现制度层面的突破，从而为工作的开展提供充分的制度保障。①分部门分支线的责任机制与考核机制很大程度上导致了网格化工作的碎片化，这需要实现统筹层次的提升，通过整合网格化工作机制，消除多头审核的困境。因此，大沥镇网格化难题的解决不能仅局限在镇街层面的努力，还应当提升到区级乃至市级层面的统筹，通过网格化制度的重新设计，构建不同支线工作之间的联动机制，推动各部门之间的有效资源共享，并依据支线的差异化的工作要求整合一套统一的考核机制，同时配套对应的考核标准，避免当前多头管理与多头考核的问题。②充分协调区级层面不同职能部门的网格化工作，规范网格化工作的具体流程，强化其中的责任机制，明确各职能部门的工作任务与时限，减少职能部门相互推诿扯皮的现象。③提升区级层面对网格化工作的重视程度，在区级与镇街级层面定期召开网格化工作会议，汇报各镇街网格化工作的现状，实现镇街之间工作经验的分享与交流，总结发展的成效与出现的问题，并通过集体讨论，群策群力商议对应的解决措施。在此过程中，区级政府需要充分发挥统筹作用，面对部分难以解决的网格化问题要积极协调，引导镇街与社区等不同层级的负责单位及时解决问题，促进网格化工作的效率与质量的提升。详见图4-12。

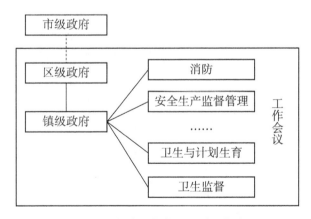

图4-12 整合网格化工作机制的流程

（二）优化网格化工作机制，实现工作标准化

基于网格化查办分离工作机制的讨论，需要优化网格化的工作机制，实现各个环节的标准化。详见图4-13。

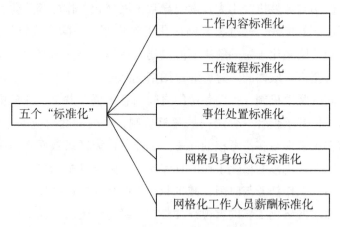

图4-13 推动网格化标准化建设

第一，工作内容的标准化。在区级层面制定事项入格标准及流程，并全面梳理职能部门的行政执法类和综合管理事项，形成标准统一、清晰规范的事项清单。重点是需要基于各领域在问题发现与问题处理两个环节的难易程度开展讨论，合理界定入格事项的具体内容。

第二，工作流程的标准化。在与职能部门和镇（街）、社区充分协商的基础上，制定清晰、规范的业务操作手册，对入格的每一事项进行标准化处理，形成全区统一的事件处理流程。尤其需要注意的是，在查办分离的工作流程中，规范"查"与"办"中的各个流程。例如，对入格事项的分类，只需要巡查员获知信息，分类转到职能部门处理，并通过现场传回的视频协助，通过多种手段规范化工作流程即可。

第三，事件处置的标准化。首先，明确网格员、社区、镇（街）的职能和工作界限，制定清晰的巡查范围、巡查内容、巡查周期、处理过程、处置规则、处置程度、上报事件的标准和程序。其次，将社区事项明确划分为应该承担、配合开展、不应该承担三类，减轻基层压力。最后，制定区、镇（街）、村和职能部门之间的职责分工标准。对于责任主体清晰的事项，明确工作流程和部门责任，防止职能部门"只放不管"；对于责任

交叉、模糊的事项，建立联席制度与兜底机制，加强部门之间的协调统筹，形成标准的处置模式。

第四，网格员身份认定标准化。需要清晰界定网格化工作人员的身份，规定参与网格化具体工作的人员才能纳入网格化工作队伍，并对每个社区的工作人员名单进行全面的核定，避免现在部分社区把社区其他类别的工作人员都纳入网格化队伍的情况。

第五，网格化工作人员薪酬标准化。首先，要依据大沥镇具体的经济社会发展情况及社会普遍薪酬状况，制定能体现网格员工作价值的薪酬标准；其次，设立合理的薪酬增长机制，改善网格员的待遇，提升网格员的工作积极性；最后，设定针对个人的薪酬待遇奖励机制，结合针对个体的网格化考核机制对部分表现优秀的工作人员进行相应的奖励，并标准化对应的制度流程。

(三) 加强专业培训，提升工作技能水平与工作认同感

为了保障网格化工作的专业性，需要从技能与价值认同两个层面加强对网格化工作团队的培训。

一方面，需要强化工作的技能性培训。在全镇层面组织专题培训的基础上，定期到社区开展有针对性的讲解，并与对应社区的实际难题相对照，进行课程讲授与时间培训两种模式的结合，提升培训的针对性与有效性。此外，可以与巡查员制度相结合，让巡查员不单单是担任抽查的角色，而是结合对社区具体情况的了解开展常规性的、有针对性的技能培训，尤其体现在对专业性要求较高的消防与工商等领域，提高工作人员的业务水平。而为了提升工作人员参与技能培训的积极性，应设置奖励性的技能考核，为表现良好的工作人员提供相应的奖励。

另一方面，需要强化对工作价值的认同感。通过在社区内设置更为畅通的意见沟通机制，网格长定期向团队成员收集工作过程中的各项意见，了解团队中工作人员的工作情况，增强工作人员对工作的认同感。通过提高工作人员的福利待遇，如结合日常考核机制提升待遇水平，直接增强工作人员的工作获得感。此外，需要通过活动培训或是工作过程中的不断引导，使得网格化工作人员增强自身的服务意识，实现从"管理人员"到"服务提供者"的观念转变，让其以奉献社会、服务社群为荣，从而推动形成友爱互助的社区氛围。

（四）完善工作考核机制，增强工作积极性

完善网格化的考核机制，构成面向多元主体的多层次考核体系。这主要可以分为对职能部门的考核机制、社区的考核机制与网格化工作人员的考核机制，从不同层面促进参与主体的工作积极性。

在现有考核机制的基础上增加对职能部门的考核。具体而言，就是设立针对职能部门的考核指标，包括但不限于对社区上报单据完成率、社区上报单据完成时限情况与社区对职能部门的工作满意度等指标，通过构建考核机制从而增强职能部门的工作动力，促使职能部门更及时与高质量地完成社区上报的"疑难杂症"，充分发挥职能部门工作的优势，形成职能部门与各社区之间的良性互动，提升网格化的工作效率与工作质量。

对于社区的考核机制，需要完善已有评估指标，不能仅以完成率和办结率作为社区的考核指标。每个社区的具体情况的差异意味着各社区网格化实施的工作任务有所差异，这需要网格化的考核机制能够依据社区的具体情况设定相应的目标，而摒弃目前部分社区为了完成指标"刷单"的情况。具体而言，可以分为以下三个方面：首先，需要增加监督员队伍到社区抽查单据质量作为考核的指标。目前大沥镇已经构建了监督员队伍到社区开展不定期的检查，可以以抽查的单据质量作为考核的标准，假若存在与上报系统不符合的情况则做出相应的处理，从而提升单据的处理质量。其次，在对系统上报单据抽查的基础上，还需要增加网格化对问题获取情况的指标考核，避免部分社区为了提高单据完成率而选择性地上报问题。最后，在考核指标中加入居民满意度，借助于微信公众号与App等线上应用，从被管理方的角度了解网格化工作的实际情况。

科学而系统的考核制度设计对工作人员的积极性有重要的作用，可以从两方面改进已有考核机制。一方面，从考核指标上，考虑加入个人工作的群众满意度与团队内的工作成效互评，丰富工作表现考核的维度，全方位地了解每一个工作人员的工作表现。另一方面，从考核单位上，需要实现面向所有社区的统一管理。当前不同的社区有不同的考核单位，部分社区是以片区为单位划分工作团队，实现以团队为单位的考核，部分社区是具体到个体工作人员的表现，实现以个体为单位的考核，也有部分地区实行全体网格化工作人员统一表现评分的方式。差异化的考核单位各有优劣，在本研究中大部分受访者倾向选择以个体为考核单位方式，这与其中

的责任机制相关,即网格化具体到个体网格化工作人员的考核机制更具有责任约束,有效地避免工作中个体的"搭便车"行为。因此,可以探索在目前针对网格化工作人员考核方式的基础上细化标准,设定一套统一的、规范的个体考核机制,增强网格化工作人员的工作积极性,促进网格化治理成效的提升。详见图4-14。

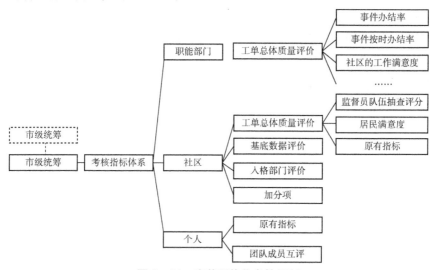

图4-14 完善网格化考核机制

综上所述,基于以上讨论,大沥镇网格化工作机制的改革路径如图4-15所示。

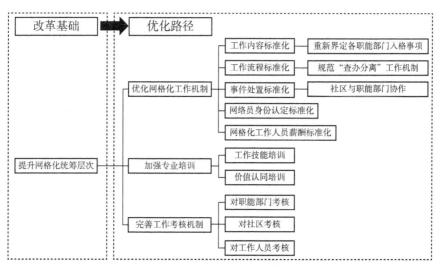

图4-15 网格化工作机制改革路径

改革的基础应当为提升网格化的统筹层次，探索突破南海区网格化工作机制的层面，实现不同领域工作在市级层面的联动，为工作的具体开展提供基础。在此基础上，优化路径可以从三方面同时稳步推进：①优化网格化工作机制，实现"五个标准化"，基于查办分离工作机制的讨论，重新界定不同职能部门的入格事项，精准定位网格化的职能，并规范各个流程的具体内容，实现社区与职能部门的协作等；②加强专业培训，从工作技能和价值认同两方面加强对工作人员的培训，提升网格化工作的质量；③完善网格化工作机制的考核，从以往单线的考核拓展为对职能部门、社区与工作人员多方面的考核，提升不同主体的工作积极性，保障网格化工作机制的有效运行。

第五章
探索社区服务的多元参与机制：
公共服务提供的佛山样本

有效整合社区福利服务资源，为居民提供优质的公共服务是社区共同体发展的根本目标。随着社区治理方式的不断创新，探索社区服务的多元参与机制也成为不少地区的发展重点。本章选取了佛山市内关于公共服务提供的典型案例，研究佛山市内不同层级的治理单位如何充分调动多元主体参与公共服务提供的积极性，以居民的实际需求为导向，在充分配置资源的基础上最大限度提升公共服务发展的水平。第一节以佛山市异地务工人员的公共服务为讨论议题，结合实证研究分析新市民群体对佛山市公共服务供给的满意情况，并结合他们的需求分析公共服务供给上存在的缺口，从而提出推动公共服务均等化的完善建议。第二节以佛山市内具有代表性的镇（街）——狮山镇为研究案例，盘点狮山镇社区参与的典型，总结狮山镇社区参与发展状况，并就存在问题进行系统分析，最终归纳完善狮山镇社区参与及发展的政策建议。

结合佛山市公共服务提供的具体案例，本章讨论了政府、社区组织、居民等多元参与主体在如何参与探索社区服务的多元协作机制，并就当前公共服务提供的模式进行探讨，研究如何调动主体参与积极性提升公共服务的供给水平。

第一节　佛山市异地务工人员基本公共服务均等化研究

改革开放以来，越来越多外来务工人员流入珠三角地区，成为城市里的"新市民"。在他们为城市发展贡献力量的同时，他们也表达了对均等化公共服务的需求，希望在教育、就业与住房等方面享受到与本地市民同等的服务。由此，外来务工人员的公共服务供给问题成为地方发展中的重要议题，而社区作为直接面向新市民群体的单位，在基本公共服务均等化中承担着越来越重要的作用。本节结合对佛山异地务工人员基本公共服务均等化现状调查进行讨论。

一、概述

（一）研究背景

党的十八大要求，"要有序推进农业转移人口的市民化"，农民工市民化的实质就是公共服务均等化，也就是给予异地务工人员[①]平等待遇，促进外来人口在政治、经济、文化、社会等方面与当地城镇居民全面融合，逐步给予异地务工人员基本公共服务和民主权利等。对此，十八届三中全会通过的《中共中央关于全面深化改革若干重大问题的决定》中提出了若干重大举措，如"稳步推进城镇基本公共服务常住人口全覆盖，把进城落户农民完全纳入城镇住房和社会保障体系，在农村参加的养老保险和医疗保险规范接入城镇社保体系"。又如，"完善城乡均等的公共就业创业服务体系，构建劳动者终身职业培训体系"。

佛山作为改革开放的前沿阵地，也是我国的制造业重镇；改革开放后更是有大量异地务工人员涌入，已经成为名副其实的流动人口大市。据佛

---

① 2012 年 4 月 12 日，广东省人力资源和社会保障厅在文件汇报中首次正式使用"异地务工人员"的提法，"异地务工人员"逐渐取代原有的"农民工"称谓。撇开概念之中的价值内涵来说，"流动人口"比"异地务工人员""农民工"外延要大。

第五章
探索社区服务的多元参与机制：公共服务提供的佛山样本

山市流动人口服务管理领导小组办公室的统计，截至 2013 年上半年，佛山市常住人口 731.2 万人，其中，户籍人口 378.6 万、流动人口 352.6 万，规模基本持平。

异地务工大军的加入，缓解了城市劳动力结构性紧缺的困难，有力地促进了城市区域产业的健康成长，成为实现"产业强市、文化名城、现代化大城市与富裕和谐佛山"战略目标的重要社会力量，但同时也给政府的服务管理带来了一系列新问题。如何应对新型城镇化背景下异地务工人员的服务管理工作，促进异地务工人员融入佛山，不断推进基本公共服务均等化是关键。

基本公共服务，是指建立在一定社会共识基础上，由政府主导提供的，与经济社会发展水平和阶段相适应，为维持经济社会稳定和基本的社会正义，旨在保障全体公民生存和发展基本需求的公共服务。均等化不仅指结果还指一种过程。基本公共服务均等化，是指在基本公共服务领域尽可能确保公民享有同样的权利，尽可能使公民享受的基本公共服务水平大致相当，而不是简单的平均化和无差异化。2009 年 12 月，广东省人民政府发布《广东省基本公共服务均等化规划纲要（2009—2020 年）》，强调"基本公共服务均等化是指在基本公共服务领域尽可能使居民享有同样的权利，享受水平大致相当的基本公共服务。均等化并不是强调所有居民都享有完全一致的基本公共服务，而是在承认地区、城乡、人群间存在差别的前提下，保障居民都享有一定标准之上的基本公共服务，其实质是'底线均等'。"

近年来，佛山市牢牢把基本公共服务均等化作为新型城镇化的重要指标来统筹推进，并于 2013 年提出了"产业社区聚才，提升服务留才"的"产城人融合"战略，借中央"新型城镇化"的"势"，打造佛山城镇化的升级版。在推进"产城人"融合过程中，佛山市始终坚持以人的需求为导向，以人的智慧为动力，以基本公共服务均等化为抓手，促进产业发展与城市建设，实现"产城人"之间的融合。

佛山坚持政府主导，强化政府在基本公共服务均等化方面的统筹协调能力。例如，早在 2004 年佛山市就取消了原有的"农业户口""非农业户口""自理口粮户口"等户口类别，全市户籍人口统一登记为"佛山市居民户口"，早于国内大部分城市基本实现了城乡一体化。又如，2011 年 5 月发布了《佛山市基本公共服务均等化发展规划（2010—2020 年）》，并提出"到2020年，佛山市基本公共服务均等化力争做到'五个率先、一个领先'的总体目标"，推动基本公共服务的全员、全域、全覆盖，努力使全市人民学有所教、劳有所得、病有所医、老有所养、住有所居。总而言之，佛山在基本公共服务均等化方面探索了许多有益的政策措施，但总体来看，佛山基本公共服务对象存在身份差异，异地务工人员融入本地难度较大，并且基本公共服务系统性不足，存在"碎片化"的现象。本章节通过问卷和访谈等调查方法，深入分析佛山市异地务工人员基本公共服务均等化的现状、成就与问题，在此基础上提出若干完善异地务工人员基本公共服务均等化的政策建议。

（二）研究方法与样本情况

1. 调查方法

2013年6月至10月，本课题组以佛山异地务工人员基本公共服务均等化现状调查为题，在佛山市顺德区、南海区、禅城区、三水区和高明区等异地务工人员集中地展开了实地调查。本次调查主要采用了问卷调查与访谈相结合的方法。问卷调查采用非随机抽样法之立意抽样法，即根据研究人员的便利与可接近性，有意从中抽取异地务工人员进行问卷调查。此次共发放问卷1200份；回收问卷1198份，占全部问卷的99.8%；有效问卷1114份，占全部问卷的92.8%。利用SPSS10.0统计分析软件进行数据分析。在课题研究过程中主要运用频率统计、交叉分析、相关性分析等方法。

本次问卷设计主要借鉴了中科院编制的《地方政府基本公共服务力主观评价指标体系》问卷，调查佛山异地务工人员对基本公共服务在公平性、便利性和整体性的满意程度，以及对公共服务的认知、感受和看法。

2. 样本特征

关于本次调查样本的基本情况。在调查样本中，男性共618人，占55.3%；女性共499人，占44.7%。就样本而言，男性异地务工人员数量略高于女性。

从年龄特征看，如表5-1所示，八九十年代出生的占了54.1%。也就是说，在佛山，新生代异地务工人员已经成为新产业阶层的主体。

表5-1 受访异地务工人员年龄情况

年龄类别	样本数（人）	百分比（%）	有效百分比（%）	累计百分比（%）
16~23岁	106	9.5	9.5	9.5
24~33岁	497	44.6	44.6	54.1
34~43岁	375	33.7	33.7	87.8
44~60岁	136	12.2	12.2	100.0
合计	1114	100.0	100.0	

从文化特征看，调查发现，被访异地务工人员文化程度较高，表现出新生代异地务工人员的新特征。如图5-1所示，在受调查的异地务工人员中，具有初中以下文化程度的占总数的39.5%，高中或中专以上学历达29.9%，大专学历占16.7%，本科及以上学历占6.5%。因此，他们求职层次较高，希望用工环境较好，看重政府政策，要求良好的公共服务。

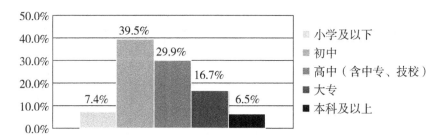

图5-1 受访异地务工人员文化程度

从工作类型来看，佛山异地务工人员职业结构相对比较单一，主要集中在普通工人群体。如图5-2所示，全市异地务工人员从事制造、建筑、运输等行业的比例占51.2%，从事企业管理的人员占7.0%，技术人员的比例占12.9%，个体工商户、自由职业者等灵活务工人员分别占9.9%和8.7%。上述比例表明全市的异地务工人员形成了以从事第二产业的体力密集型劳动为主，以从事第三产业的服务密集型劳动为辅的相对稳定的职业结构。

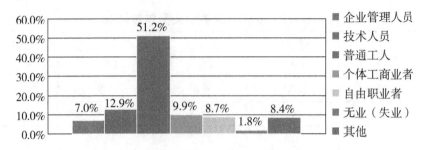

图5-2 受访异地务工人员工作类型情况

从月均收入来看,绝大部分受访异地务工人员每月平均收入大致在2000元上下,如表5-2所示,月收入在2000元以上的占受访总人数的49.5%,月收入低于1000元的占受访总人数的8.3%,月收入超过5000元的占受访总人数的7.6%。统计数据表明,增加工资收入依然是大部分异地务工人员最为关切的问题。

表5-2 受访异地务工人员月均收入情况

月收入区间	样本数(人)	百分比(%)	有效百分比(%)	累计百分比(%)
1000元以下	92	8.3	8.3	8.3
1001~2000元	470	42.2	42.2	50.6
2001~3000元	343	30.8	30.8	81.4
3001~5000元	123	11.1	11.1	92.5
5001~8000元	70	6.3	6.3	98.7
8000元以上	16	1.3	1.3	100.0
合计	1114	100.0	100.0	

从调查得知,受访异地务工人员户籍来源地较为广泛,来自广东省内和广东省外的各占50%。其中,非本省户籍务工人员中,广西的占18.1%、湖南的占9.0%、四川的占8.7%、湖北的占3.9%、江西的占3.8%、贵州的占3.5%,其他省份在佛山的务工人员占3%。上述情况表明了佛山迅速发展的经济、广阔的就业机会和充分的发展机遇对周边省市劳动力的巨大吸引力。

异地务工人员在佛山工作1～3年的有33.5%，3～5年的有28.2%，5～10年的有14.8%，10年以上的有15.9%，7.6%的异地务工人员在佛山工作一年以下，累计在佛山工作5年以上的占30.7%（见图5-3）。这部分异地务工人员大多是企业开建时，就在企业工作。

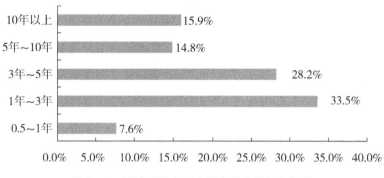

图5-3 受访异地务工人员在佛山的工作年限

二、佛山异地务工人员公共服务主观意愿调查及分析

就城市政府而言，在财政和城市承载能力约束的条件下，为了更好地回应和满足异地务工人员的公共服务需求，就十分有必要了解作为服务对象的异地务工人员享有公共服务的客观状况和主观意愿，后者包括异地务工人员是如何看待公共服务的，他们的公共服务需求以及他们对当前城市政府提供的公共服务的满意度等等。

（一）异地务工人员的公共服务认知

公共服务认知是指异地务工人员对公共服务的内涵、作用和获得机制等的看法。异地务工人员对城市政府公共服务的需求和满意度在相当程度上受到其对公共服务认知的影响。

从表5-3可以看出，对于"您对政府推进基本公共服务均等化的政策有所了解吗"这一问题中，回答"了解一些"的受访异地务工人员的比例占62.5%，回答"不了解"的比例占37.6%，超过了调查对象的三成，说明仍然有相当比例的异地务工人员对于佛山市各级政府推进基本公共服务均等化的政策缺乏了解和认知。这个数据提醒我们，政府在强力推行基本公共服务均等化的过程中，不要忽视对于基本公共服务均等化政策的宣传、介绍和推广，应该尽量用更细致的方法、方式加大政策的宣传引导工作，使基本公共服务均等化政策进工厂、进车间、进宿舍，让广大异地务工人员人人知晓、条条清晰、事事明白。

表5-3 受访异地务工人员对基本公共服务均等化政策的认知情况

问题内容	样本数（人）	百分比（%）	有效百分比（%）	累计百分比（%）
了解一些，并且非常希望享受均等的公共服务	344	30.9	30.9	30.9
了解一些，但本地人与外地人不可能完全一样	352	31.6	31.6	62.5
不了解，但非常希望享受均等的公共服务	274	24.6	24.6	87.1
不了解，也不想关心这些东西	144	13.0	13.0	100.0
合计	1114	100.0	100.0	—

（二）异地务工人员的公共服务意愿

尽管异地务工人员对公共服务均等化的认知影响其公共服务意愿，但是异地务工人员公共服务意愿还受到公共服务供给状况等客观因素的影响。调查结果表明，佛山异地务工人员公共服务的整体需求意愿并不相同，大部分受访对象对公共服务的需求意愿比较强烈。

同样从上表5-3可以发现，在对政府推进基本公共服务均等化的政策有所了解的人群中，有30.9%的受访异地务工人员"了解一些，并且非常希望享受均等的公共服务"，有31.6%的受访人员选择"了解一些，但本地人与外地人不可能完全一样"这一选项。在对政府推进基本公共服务均等化的政策"不了解"的人群中，有24.6%的受访人员也"非常希望享受均等的公共服务"，有13.0%的受访人员选择了"也不想关心这些东西"这一选项。

通过交叉分析得知，合计有55.5%的受访对象对于基本公共服务均等化表现出强烈的主观意愿，非常希望享受均等的公共服务。但也有44.6%

的受访异地务工人员对于政府推进基本公共服务均等化的政策表现出怀疑、失望甚至漠不关心的态度,反映了部分异地务工人员的"过客心态":在很多人看来,流入地社会依然是"外在的"和"他们的",而并不认为是"我们的"。由此可见,要提高异地务工人员对于基本公共服务均等化政策的信任度以及利用意愿,各级政府仍然必须大力推行公共服务均等化工程,从而提升异地务工人员融入佛山的认同感。

(三)异地务工人员的公共服务需求偏好

公共服务内涵丰富,涉及子女义务教育、社会保障、就业等诸多方面。受制度、财政、城市承载能力等多种因素的制约,异地务工人员公共服务均等化不可能一蹴而就,只能是一个从无到有,由少到多,并最终实现"同城待遇"的过程。因此,政府在为异地务工人员提供公共服务时,要充分考虑异地务工人员的公共服务需求偏好,优先满足异地务工人员最关心、要求最迫切的公共服务,从而提高异地务工人员的公共服务满意度。

如图5-4显示,对于"您最希望工作、生活上哪些方面优先做到与本地人'同城待遇'"这一问题,受访的异地务工人员对政府提供基本公共服务诉求中,子女教育(66.7%)、医疗(49.5%)、住房(43.3%)、社会保障(33.5%)占据了前四位;排第五位的是"参与打工地社区管理以及最低生活保障与困难救助",占23.1%;排第六位的是就业服务,占15.3%;水电费以及公共交通居最后两位,分别占8.5%和8.0%。调查结论表明,子女教育、医疗、住房和社会保险是异地务工人员最为关切的问题,也是最需要政府提供的公共服务。

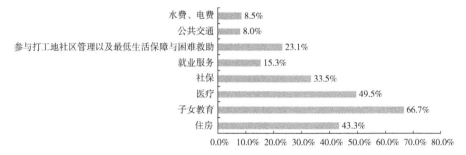

图5-4 受访异地务工人员最希望优先做到"同城待遇"的方面

同时，在问卷调查和访谈中，增加了"作为外来人员来佛山务工或经商，在基本公共服务方面，您有什么意见或者建议"这一自填式调查题目，受访异地务工人员给出了很多意见和建议。课题组根据受访人员对问题的关注度顺序，从高到低依次为：①大体上：与本地人在医疗、教育、就业等基本公共服务上享受同等待遇；②在公共交通方面：完善公共交通服务，改善公交车站点少等问题；③在公共文化服务方面：加强公共场所及设施的建设，多开展公共文化活动；④在义务教育方面：外地人子女可以同等享受义务教育、参加当地中高考，减免借读费；⑤在就业服务方面：免费提供就业机会与就业培训；⑥在医疗方面：增加医疗资源，解决看病难、看病贵的问题，提高医院工作人员素质；⑦在社会保险方面：帮助购买社会保险；⑧在住房方面：加强公租房的建设、多提供住房补贴；⑨在公共环境方面：加强环境方面的投入与治理，控制环境污染。

（四）异地务工人员的公共服务满意度

新公共管理理论强调，公共服务的"顾客"是社会公众，公共服务的质量如何最终应当由社会公众而不是政府来评判。近年来，在国家宏观政策的导向下，佛山市政府在为异地务工人员提供公共服务问题上做了很大努力，但是毋庸讳言，政府的公共服务供给还存在相当多的"缺位"和"错位"，异地务工人员的公共服务需求没有能够得到全面和有效满足。这直接决定着异地务工人员对城市政府所提供公共服务的满意度。

如表5-4所示，在问及"您对佛山目前在住房、医疗、社保、教育等基本公共服务方面是否满意"这一题目，调查表明，受访对象对佛山各级政府提供的公共服务的总体满意度一般，居于中等水平。对政府提供的公共服务表示"很满意"和"比较满意"的占比最高值均为住房，分别占6.3%和22.3%，表示"一般"的占比分布在43.8%~55.8%区间，表示"不满意"和"非常不满意"的占比最高值分别为社保（20.3%）和住房（8.9%）。而在回答"说不清"的人中，许多人其实对城市政府的公共服务并不满意，但不愿意直接给出否定性评价。

在住房等具体公共服务项目的评价上，受访异地务工人员给予"很满意"和"比较满意"的比例普遍较低。住房、子女教育和社保排在好评率的前三位，其中住房的好评率最高，但是也只有28.6%。排在佛山公共服务需求前三位的医疗问题得到的好评率只有17.8%，说明在"病有所医"的问题上存在严重的供需失衡。受访异地务工人员评价"不满意"和"很不满意"的项目依次是社会保障（27.1%）、医疗（24.8%）、住房（24.1%）、公共文化服务（22.8%）、就业服务（22.2%）和教育（18.8%）。

表5-4 受访异地务工人员对主要基本公共服务均等化的满意度

态度	住房	医疗	社会保障	教育	就业服务	公共文化服务
很满意	6.3%	2.9%	3.3%	4.4%	2.5%	3.3%
比较满意	22.3%	14.9%	21.0%	20.3%	17.0%	18.5%
一般	44.1%	55.0%	43.8%	51.6%	55.8%	51.8%
不满意	15.2%	19.3%	20.3%	13.4%	15.9%	14.9%
很不满意	8.9%	5.5%	6.8%	5.4%	6.3%	7.9%
说不清	3.2%	2.4%	4.7%	4.9%	2.5%	3.6%

三、佛山异地务工人员基本公共服务均等化存在的问题及原因分析

在社会调查中，我们强烈感受到基本公共服务均等化对于异地务工人员生存发展的特殊意义。与户籍居民相比，异地务工人员对公共服务的需求是一样的。不仅如此，由于异地务工人员地位和收入水平较低，他们对公共服务的需求往往更迫切一些。然而，实事求是地讲，异地务工人员基本公共服务均等化现状不尽人意，还存在一些问题。当然，这不是佛山特有的现象。实际上，佛山对外来人口是包容的，佛山在公共服务方面相对做得还是比较好的。但不可讳言，佛山公共服务供给尚不能有效满足异地务工人员日益增长的公共服务均等化需求。

（一）总体特征

通过对社会调查的结果分析，总结出佛山异地务工人员基本公共服务均等化现状具有的一些阶段性特征。

1. 异地务工人员对基本公共服务的需求呈现多样化特征

调查结果显示，异地务工人员对基本公共服务的关注度顺序及其占比由高到低依次为：子女教育（66.7%）、医疗（49.5%）、住房

（43.3%）、社会保障（33.5%）、"参与打工地社区管理以及最低生活保障与困难救助"（23.1%）、就业服务（15.3%）、水电费（8.5%）以及公共交通（8.0%）。按马斯洛的经典需求层次理论来分类，异地务工人员基本公共服务需求具有明显的四个层次：第一层次是关注度较高的社会保障、住房、医疗、水电费以及最低生活保障与困难救助，大体上可归为生理需求；第二层次是公共交通可归为安全需求；第三层次是参与打工地社区管理，大体上可归为社交需求；第四层次是子女教育、就业服务等自我实现需求。按中山大学蔡禾教授所说的，异地务工人员利益诉求正在从"底线型"向"增长型"转变。上述调查结果也印证了佛山异地务工人员对基本公共服务的需求呈现马斯洛所说的五个层次需求（五种需求之其中四种）交错以及"底线型"向"增长型"转变的明显特征，增长型的利益诉求实现，对政府公共服务供给和社会治理提出了更高的要求。

2. 以随迁子女教育和社会保障为主的基本公共服务需求难以满足

异地务工人员作为一个整体，享受城市政府的公共服务还不完善。从总体上说，近几年来，佛山各级党委政府为了异地务工人员能融入佛山，大力推进基本公共服务均等化，采取了许多积极有效的措施，但尚没有形成对这个群体的有效服务和完备体系，特别是随迁子女教育和各项社会保障服务。

受户籍制度制约，以随迁子女教育和社会保障为主的基本公共服务需求难以满足，这是异地务工人员基本公共服务均等化必须破解的最为直接的现实性问题。异地务工人员基于自身阅历和切身体验，对子女受教育的期望都非常高。他们中越来越多的人正是为了让子女能够在城市接受更好的教育而选择在务工地就业和定居。随着新生代异地务工人员年龄的增长，他们中越来越多的人将步入育龄阶段，与此相伴，随迁子女的教育问题也必将越来越成为他们在务工地稳定就业、生活不得不面对的现实性、紧迫性问题。

3. 异地务工人员与户籍居民间基本公共服务处于非均等状态

目前，异地务工人员与户籍居民间基本公共服务仍存在着户籍障碍。在教育、社会保险、最低生活保障、医疗等几乎所有领域，异地务工人员在享受公共服务方面与本地居民存在较大的差距，如佛山城乡居民养老保险、居民门诊基本保险制度覆盖范围就主要是户籍人口。该问题的解决需要从中央到地方统筹规划，逐步消除附加在户籍制度上的福利差异。

当问及"和本地户籍人口相比,所受的教育、医疗资源是否相对公平"这一问题,从图 5-5 可以看出,选择"相对公平"的占比只有 24.3%,而选择"非常不公平"和"不公平"的占比分别是 16.6%、33.2%,另有 25.9% 的受访者不愿意表示意见,而选择了"说不清"这一选项。由此可见,绝大多数异地务工人员对于目前这种基于户籍的公共服务差别待遇安排是不认同的。

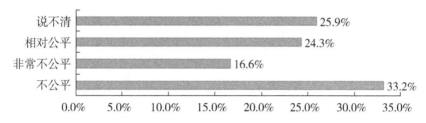

图5-5 受访异地务工人员对教育、医疗公共服务均等化是否公平的看法

调查显示,多数异地务工人员对户口采取相对务实的态度。当问及"条件允许时是否愿意迁户口到佛山"这一问题,从图 5-6 可以看出,选择"愿意"的受访异地务工人员占比 38.9%,选择"不愿意"的占 24.5%,另有 36.7% 的受访者表示"不好说"。这说明在大多数异地务工人员的认知中,市民化不仅仅是一纸户口,而是获得与城镇户籍居民均等一致的社会身份和权利。简言之,福利胜于户籍。只要做到了与户籍居民公共服务均等,有没有户口影响不会太大。

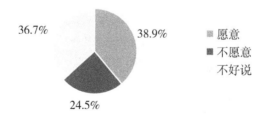

图5-6 受访异地务工人员对是否愿意将户口迁移到佛山的情况

4. 异地务工人员基本公共服务存在一定的地区差距

佛山市五区基本公共服务人均支出目前相差不大,但在公共教育、公共医疗卫生、公共文化体育、公共交通、生活保障、住房保障、就业保障、医疗保障八个方面,除住房保障外,其他方面均存在着明显的区域差

距。如在公共医疗卫生方面，优质医疗卫生资源大多集中在禅城区，高明区与三水区医疗卫生资源大幅落后于其他三区。主要原因是经济发展不平衡，直接产生了各地的财政收支能力差异，致使各区甚至各镇（街）在提供基本公共服务水平的起点以及基础不同。

如今的佛山市是2002年年底由原佛山市和当时4个代管的县级市整合而成，随后逐步形成了组团式发展、由专业镇主导的自下而上的发展模式，经济重心在区、镇一级。近年来，佛山一直围绕这种组团发展的城市空间结构进行城市升级。2011年，中共佛山市委十一次党代会对佛山组团发展进行了新规划，提出了"1+2+5+x"战略（1代表中心城区，2代表两个市级副中心，5代表5个区级中心，x代表15个重点镇街）。佛山的这种"中心组团发展，区镇是经济发展主战场"的城市空间布局，客观上要求公共服务必须向镇（街）延伸、向村居延伸、向基层延伸。但在公共服务水平方面，客观上还存在城乡差距，镇（街）、村（居）公共服务资源相对薄弱，服务水平参差不齐。长此以往，就会对镇（街）的发展形成挤出效应，也不能适应镇（街）人才对更高水平公共服务的需求。佛山促进城市化务必要从"量"的提升到"质"的飞跃的演进。

5. 异地务工人员基本公共服务政府主导型特征明显

主要体现在异地务工人员关注度较高的项目，由于政府主导和强力推进的原因，异地务工人员在这些项目上满意度也较高。如子女教育、医疗、住房排在关注度前三位，构成了佛山异地务工人员的核心需求，调查结果显示，住房、子女教育和社会保障排在好评率的前三位，表明异地务工人员对政府在这些项目上所做的努力的肯定。与此同时，排在关注度末尾的公共交通，属于市场化程度较高的公共服务项目，受访异地务工人员对公交服务质量满意度并不高，说明政府需要加强对于市场化操作的公共服务项目的监管。

6. 佛山异地务工人员基本公共服务存在"碎片化"现象

"碎片化"是英国学者佩里·希克斯（Perri Six）用于分析组织功能分化的一种隐喻，指的是不同的功能和专业的组织之间，囿于缺乏协调而不能有效沟通、团结与合作，致使不同组织各自为政而难以处理共同的难题，导致组织间个别或整体目标执行时失败。"碎片化"后来被用于描述公共服务治理的一种分析范式，旨在主张用一种基于"整体政府"服务模式的"无缝隙"范式来替换"碎片化"范式，这也是当代公共服务变革的新趋势。

在公共服务供给中,由于市场发育不完善、信息不对称以及缺乏有效的异地务工人员参与等问题,导致在城市核心地区与农村、城市郊区公共服务供给不均衡,这一点在佛山表现尤为明显。这种区域内的不均衡出现两方面的结果:一方面,在城市核心地区公共服务产生严重的"拥挤效应"和"规模效应"。例如,优质的学校、医院多集中在市、区中心,全市有8个镇尚未有二级甲等医院等等;又如,在公共文化方面,大的公共文化设施都集中在城镇地区,图书馆、博物馆、文化馆等;另一方面,在庞大的异地务工人员公共服务需求面前,公共服务供给多少显得过于碎片化和分散化,出现公共服务的"缝隙"。以住房为例,佛山异地务工人员以租私房为主且地段较偏,新生代住集体宿舍较多。长期以来,异地务工人员共居在狭小的出租屋里,聚居在治安、消防和卫生等条件都较差的城乡接合部的农村或城中村,住房条件迟迟未有明显改善;子女教育及医疗等公共服务资源相对不足,这些都导致异地务工人员与户籍居民之间的公共服务差异和失衡,造成系统性不足,存在"碎片化"的现象。

目前,佛山基本公共服务"碎片化"主要表现在四个方面:一是异地务工人员公共服务需求具有差异性、层次性,而公共服务供给不能做到"点对点",导致需求与供给"错位";二是各政府职能部门各自为政、协同困难而导致的碎片化困境;三是治理层级的分散化而形成不同层级政府间"目标"与"手段"的差异,最终导致在异地务工人员基本公共服务治理层级上的"碎片化";四是公私合作形成的"碎片化",政府及其所属部门单一主导公共服务的投资、生产、供应和监管的全过程,作为第三方的社会组织以及作为需求者、最终消费者的异地务工人员群体缺乏公共服务话语权和参与权,导致公私合作困难而不能形成合作共治的最佳效益。

(二) 制约因素

制约异地务工人员分享公共服务的核心根源在于二元户籍制度,学界在这一点上已基本上达成共识,且正在寻求破解之道。换一种思路来讲,福利终于户籍,如果能够在基本公共服务均等化方面真正实现"同城待遇",户籍对于异地务工人员的影响就不会太大。事实上,基本公共服务均等化的推进措施也就是消除城乡二元结构的新政。从这个思路出发可以得出结论，制约异地务工人员分享公共服务的障碍就在于基本公共服务的体制机制不够完善。目前，制约佛山异地务工人员基本公共服务均等化的因素有以下六个方面。

（1）异地务工人员服务与管理体制方面：佛山市提出要"将流动人口纳入实有人口一体化服务管理"，促进流动人口融入佛山。但在实践中，由于缺乏有力的工作机构统筹推进，各部门往往处于各自为政的境地，不能够及时制定有针对性的公共服务措施。甚至是有些部门出台了一些政策，却因为缺乏有效的平台进行宣传和推广，难以在流动人口中产生应有的影响。以目前居住证"一证通"制度为例，居住证的办理并没有即时的实质性均等化服务配套，有的部门出台政策却没有和居住证制度有效衔接，致使居住证制度并没有得到广大流动人口的一致认同。

（2）基本公共服务理念方面：公共服务，特别是"学有所教、劳有所得、病有所医、老有所养、住有所居"等基本公共服务是异地务工人员应当享有的基本权利。首先，享有基本公共服务是服务对象的一种权利，这个最基本的理念要建立。其次，要确立保障人人享有基本公共服务是政府义不容辞的职责的理念，必须着眼制度设计、系统规划、整体推进，建立健全基本公共服务体系。最后，基本公共服务均等化，指全体公民都能公平可及地获得大致均等的基本公共服务，其核心是机会均等，而不是简单的平均化和无差异化。

理念影响政策设计。在基本公共服务理念反思方面，必须要研究的是"积分制"政策。异地务工人员公共服务获得机制是指城市政府根据异地务工人员在当地工作生活时间长短、履行义务多少、所做贡献大小为其提供相应公共服务并逐渐实现均等化的制度安排。异地务工人员公共服务获得机制要化解的矛盾是异地务工人员公共服务需求快速全面增长和城市政府公共服务能力有限之间的矛盾；要解决的问题是异地务工人员在什么时间和在什么条件下应当获得城市政府提供的什么样的公共服务并最终实现"同城待遇"；要遵循的原则是权利和义务对等，即异地务工人员履行义务越多，对城市经济社会发展的贡献越大，就应当享受越多的城市福利和公共服务。"积分制"提供了一个建立梯度累进的农民工公共服务获得机制的范例。作为一项地方政府创新，积分制并不完美，积分制最大的问题是"普惠性"不够，也就是说，不是每个农民工都可以借此逐渐获得越来越多的公共服务并最终实现"同城待遇"。

在调查中，绝大多数异地务工人员对附加居住时间、所做贡献和接受管理等条件的异地务工人员公共服务均等化实现机制也表示认同。70.7%的人同意"在当地居住的时间越长，享受的公共服务应当越多"的说法，明确表示不同意该观点的只有14.8%；有64.6%的人认为在当地所做的贡献越大，享受的公共服务应当越多；有86.7%的人认为流动人口在享受公共服务的同时，应当自觉接受政府的管理，明确表示不同意此观点的人只有3.3%。这种看似相互矛盾的选择反映出异地务工人员在公共服务均等化问题上的矛盾心态，即在诉求上很强烈，但在均等化实现机制上则显得相当理性。对于异地务工人员是不是应该无条件获得政府提供的公共服务的问题，一位接受电话访谈的异地务工人员没有正面回答，只是表示"就算我愿意，政府也不会愿意的"。

（3）基本公共服务内容方面：服务内容重物质方面，轻视文化精神层面的供给；重视经济方面的公共服务，轻视参与权和表达权等政治权利的保障。

（4）基本公共服务方式方面：沿袭传统的计划体制时代的城市管理模式，是以政府出台政策、以行政手段管理为主的政府主导型管理，而不是政府、企业和社会的多元共治。公共服务供给的社会参与机制急需推进。目前，社区和社会组织在基本公共服务供给中的作用越来越大，但是它们在公共服务中的角色尚未明确。如果能够使社会组织也能为那些通常情况下无法获得服务的群体提供服务，使社区成为能够为城乡居民提供基本公共服务的重要载体，就会使基本公共服务的供给更有效，使政府能够集中力量投入那些最能发挥自身比较优势的领域。

（5）基本公共服务投入方面：政府投资逐年大幅度增长，而民间资金、外资参与公共服务项目较少，这与佛山市民营经济的快速发展不相匹配。据财政部门测算预计，2010—2020年佛山市一般预算收入将从280亿元增加到727亿元，年均增长10%，同期基本公共服务支出需求从69亿元增长到266亿元，年均增长14.42%。全市基本公共服务支出占一般预算收入的比重从2010年的24.7%提高到2020年的36.6%（详见表5-5）。

表5-5 2010—2020年佛山市基本公共服务支出与一般预算收入测算

（单位：亿元）

年份 内容	2010	2011	2012	2013	2014	2015	2016	2017	2018	2019	2020
一般预算收入	280	308	339	373	410	451	496	546	601	661	727
基本公共服务支出	69	79	91	104	119	136	155	178	203	232	266
基本公共服务支出占一般预算收入比重（％）	24.7	25.7	26.7	27.8	28.9	30.1	31.2	32.5	33.8	35.2	36.6

数据来源：佛山市社会工作委员会提供。

（6）基本公共服务绩效评估方面：建立政府基本公共服务绩效评估体系，是推进基本公共服务均等化进程的一个重要组成部分。目前，评估方式多为"运动式""评比式"，随意性较大。另外，评估主体单一，主要是上级行政机关对下级机关进行评估或机关内部评估，社会公众参与少，评估过程透明度不够、公开化程度不高，社会监督和制约较弱。缺乏公平、规范、科学的政府公共服务绩效评价机制，一方面，政府难以获得人们对基本公共服务需求信息的系统性反馈，并不能及时调整基本公共服务政策；另一方面，由于未能充分获知公共服务使用消费的满意程度，包括政府、企业和第三部门的公共服务供给主体无法及时向公众做出回应。

四、推进佛山异地务工人员基本公共服务均等化的政策建议

在社会调查和理论分析基础上，提出完善佛山市基本公共服务均等化的对策和建议。

（一）一般性对策与建议

1. 以公众需求作为制度建设的出发点

逐步建立以满足公众需求为导向的基本公共服务体系，开展基本公共服务均等化公众需求调查，同时建立专家咨询制度、社会公示和社会听证

制度,及时把握公众的需求趋势,为政府决策提供参考,从而更好地满足公众预期,提升公众满意度,不断缩小基本公共服务均等化的客观成效与公众满意度之间的差距。例如,目前佛山市南海区正在试点的社会政策观测站,通过提交"社案"建议的方式,可以及时了解群众对公共服务均等化需求。

与此同时,要健全有效的异地务工人员公共服务需求表达机制。异地务工人员与户籍市民的公共服务需求偏好不同,新生代异地务工人员与老一代异地务工人员的公共服务需求偏好也有明显的差异。要更好地满足异地务工人员的公共服务需求,提高他们的公共服务满意度,就需要健全有效的异地务工人员公共服务需求表达机制。首先,各级政府在制定涉及异地务工人员公共服务的政策时,可以通过民意调查、公开决策程序、举行听证会等途径,倾听他们的诉求。其次,在党代表、人大代表和政协委员中为异地务工人员分配适当的名额,吸纳和鼓励异地务工人员参政议政,有利于集聚和整合异地务工人员的公共服务需求。佛山虽然推选出异地务工人员全国人大代表之一的胡小燕,但从整体来看,人大与政协等规范的政治参与渠道中异地务工人员的比重仍然比较低;党团、工会中的异地务工人员代表比较少。再次,加强工会、妇联和共青团等群团组织替异地务工人员代言的作用。最后,发挥媒体特别是新媒体的作用,为异地务工人员表达公共服务需求提供方便快捷的渠道。

2. 创建异地务工人员服务管理局和异地务工人员服务协会

党的十八届三中全会提出:"改进社会治理方式。坚持系统治理,加强党委领导,发挥政府主导作用,鼓励和支持社会各方面参与,实现政府治理和社会自我调节、居民自治良性互动。"

异地务工人员的服务管理(简称"异管")机制是政府管理创新和改进社会治理方式的重点。为了更好地、直接有效地服务异地务工人员,成立异地务工人员服务管理局,直属党委、政府领导,实行"一条龙""一站式"的服务与管理,并让异地务工人员参与到服务管理工作中(见图5-7)。

明确界定各级政府和各部门的职责。从广大人民群众最关心的公共服务项目入手,按照基本公共服务均等化工作的具体要求,进一步理顺各级政府、各部门的职责,以及部门之间、政府之间的共有职责。市政府主要负责公共服务的规划、组织、实施和改进等,区、镇级政府、各职能部门重点强化执行职能,形成规划、组织与执行落实并重的工作机制。

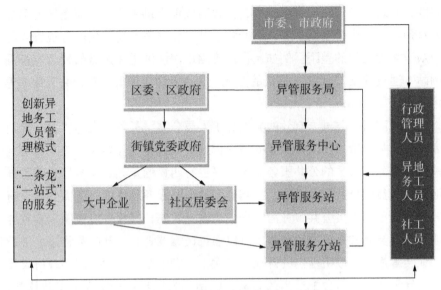

图 5-7 异地务工人员服务管理局设计架构

同时,还要探索成立实行异地务工人员服务协会。会员从"异地务工人员"中来,到"异地务工人员"中去,增强异地务工人员自我服务的能力。例如,佛山市三水区乐平镇建立"企业联络员"制度,即在工业园区内 500 人以上企业或外来工聚集地,各选派 1 名异地务工人员作为企业的联络员。

3. 完善"积分入户制",实施"积分服务制"

2012 年 2 月 23 日,《国务院办公厅关于积极稳妥推进户籍管理制度改革的通知》发布。通知要求,进一步放开地级市户籍,清理造成暂住人口学习、工作、生活不便的有关政策措施;今后出台有关就业、义务教育、技能培训等政策措施,不再与户口挂钩。党的十八大报告重申户籍制度改革,要求有序推进农业转移人口市民化,让异地务工人员真正成为市民。党的十八届三中全会提出"推进农业转移人口市民化,逐步把符合条件的农业转移人口转为城镇居民"。

本次调查也发现,异地务工人员融入佛山的最大障碍是户籍制度。佛山可以"先行先试",尝试户籍制度的改革。对异地务工人才,即具有特殊贡献、重点专业的专科毕业生、全日制本科毕业生和研究生以上学历、高级职称人员,采取不同类型、灵活入户方式的审批流程,从而形成具有佛山改革特色的异地务工人才入户政策体系。在吸引和留住更多高素质、高技能的异地务工人员的同时，加强对低端产业的规范管理，通过实施有效的产业转型升级政策，减少企业对低素质劳动力的依赖度，促进流动人口规范有序流动。

本次调查还发现，超过百分之六十的异地务工人员对于附加居住时间、所做贡献和接受管理等条件的异地务工人员公共服务均等化实现机制表示认同。这说明，以"积分制"为基础的梯度累进异地务工人员公共服务获得机制具有广泛的民意基础，尽管其"普惠性"不够。如果政策设计能够在"普惠性"和"梯度性"两者之间寻求一个平衡点，那么这种"积分服务制"就臻于完善了。

实施"积分服务制"，首先要确立"福利重于户籍"的农民工市民化认知观念。首先，在异地务工人员看来，市民化不仅仅是一纸户口，更是获得与城镇户籍居民均等一致的社会身份和权利。其次，要研究完善流动人口居住证制度及相关政策，依托居住证统筹流动人口在现住地的登记管理、社会保障和公共服务，使居住证既成为管理流动人口的重要手段，又成为流动人口享受相应待遇的基本依据和必备条件。再次，率先做到出台有关就业、义务教育、技能培训等政策措施时不再与户口挂钩，增强基本公共服务的普惠性，确保国家政策在佛山落地，努力缩小由户籍制度造成的不同群体之间社会福利的差异，促进异地务工人员融入佛山。

4. 推进公共服务的信息化建设

从国家层面上来说，应该推进公共服务的信息化建设，在全国范围内建立一个统一的网上信息服务平台，提供缴费转账、费用结算等服务，个人可以管理自己的国民待遇包、社保医保账户等。要适应异地务工人员的流动性，加强社会保障的规范接续工作。可参考发达国家的做法，例如，在德国，每个参保人员都有一个社会保障号码，通过保障号码可以查到参保人的所有资料，通过发达的信息系统实现全国联网，这样就可以确保基本福利随人走，而且方便监管。

在目前公共服务和社会保障碎片化的体系之下，很多地方已经出现了创新。比如从2010年起，广州、珠海两市参保人可以用社保卡在两地定点医院刷卡就医。这项工作的开展，突破了目前医疗保险异地就医直接结算仅限于住院费用结算的现状。如果类似的服务能够扩展到医保之外的项目，能够扩展到佛山，无疑会惠及包括流动人口在内的所有佛山居民。

5. 建构异地务工人员的政府购买公共服务机制

党的十八届三中全会提出,"适合由社会组织提供的公共服务和解决的事项,交由社会组织承担","推广政府购买服务,凡属事务性管理服务,原则上都要引入竞争机制,通过合同、委托等方式向社会购买"。

在基本公共服务实现的环节上,政府当然是决策者和供给的最终责任者,但同时也需要积极推动多元主体参与,可逐步探索建立政府负主责,市场化机制运行,社会组织广泛参与,社区为重要载体的多元供给体系,这样才能更好地适应当前多样化的公共服务需求。

建立健全基本公共服务供给的市场机制。在明确各级政府是基本公共服务供给最终责任者的前提下,逐步放宽基本公共服务投资的准入限制,在供给环节引入市场竞争机制,可通过招标采购、合约出租、特许经营、政府参股等形式,将原由政府承担的部分公共职能交由企事业单位等市场主体行使,以便最大限度地降低基本公共服务的供给成本,提高政府基本公共服务的供给能力、质量和效率。

建立健全政府向社会组织转移职能和购买公共服务制度。近年来,佛山市社会组织发展比较迅速,政府及其部门要逐步将社会组织能够解决的公共服务事项转移出去,通过授权、委托及其他适当方式依法转移给社会组织,同时加强监管。健全并完善全市已有的社会组织孵化基地工作机制和功能,培育一批在全省、全国有影响力的行业协会商会,组建一批服务型、项目型的枢纽型社会组织,深入推进社会组织等级评估。比如,目前佛山市已经推动5家异地商会建立了异地务工人员服务中心,并拨付了25万元启动资金,针对异地务工人员的公共服务项目就可以通过它们进行大力推动。

充分发挥社区在基本公共服务供给中的作用。随着企业制度、住房制度、福利制度、医疗卫生制度等领域的市场化改革,涉及家庭和个人的大部分公共服务已从单位剥离出来,大量与人们日常生活直接相关的问题越来越多地在社区内解决。制定社区建设促进办法,改革政社不分的传统模式,促进自治型社区的建立,将社区打造成为城乡居民提供高质量的基本公共服务的重要载体。

6. 基本公共服务筹资机制的多元化

在基本公共服务实现的环节上,政府当然是决策者和供给的最终责任者,但同时也需要积极推动多元主体参与,这样才能够提高公共服务的可持续性。建立健全基本公共服务供给的市场机制，必须实现基本公共服务筹资机制的多元化。逐步放宽基本公共服务投资的准入限制，在供给环节引入市场竞争机制，可通过招标采购、合约出租、特许经营、政府参股等形式，将原由政府承担的部分公共职能交由企事业单位等市场主体行使，以便最大限度地降低基本公共服务供给成本，提高基本公共服务的供给能力、质量和效率。佛山市应发挥广东的地缘优势和侨乡特色，引进外资，拓展捐助与慈善资金，在提供公共服务资金方面有待进一步多元化。尤其目前在佛山优质教育、医疗、公交资源分布不均的情况下，可以通过引入实力较强的民营教育、医疗、公交机构或企业参与建设。

7. 完善基本公共服务绩效评估

逐步建立健全基本公共服务绩效评价体系，包括单项和综合评估。一方面是健全内部考核评价机制。加强基本公共服务均等化的考评工作，根据每年的工作计划和考核目标，对各级各部门的基本公共服务均等化工作进行考核，并逐步将考核的结果纳入各级政府及各部门的工作考核范围。按照履行政府职能的要求，把基本公共服务作为行政问责的主要内容，作为每年政府工作报告的重点内容，同时建议由各级人大每年专项审议公共服务均等化工作推进落实情况。

另一方面，引入社会第三方评估机构，开展独立性和动态性的基本公共服务绩效评估。引入外部评价机制，可以将现有的由部门评价为主的模式改由社会公众评价为主的模式，建立基本公共服务均等化政策公众评议机制，通过委托第三方机构每年开展佛山基本公共服务均等化效果评价调查，提高评价的社会性和客观性。积极探索公共服务监测评价方式，如可以通过社会政策观测站加强对公共服务均等化推进工作评价与监管。

（二）各项主要的基本公共服务具体对策与建议

1. 住房

（1）建立租房补贴制度。调查发现，佛山异地务工人员以租赁房屋居住为主，因房租过高而希望政府给予补贴，或租用政府提供的公租房。由于保障房建设周期长、轮候慢，异地务工人员更乐意接受货币补贴这种灵活快捷的保障方式。且从其他国家的经验看，保障方式将由实物补贴逐步向货币补贴转变。政府可对符合保障条件但未获得保障房配给的异地务工人员家庭提供货币补贴。此外，如果政府提供的保障房在选址、配套等方面不符合异地务工人员要求时，异地务工人员也可以申领货币补贴。

（2）加快保障房建设。目前，虽然佛山市已建成一批面向异地务工人员的公租房，但即使只针对贫困异地务工人员群体的住房需求缺口，仍存在供给量不足、管理运营有待完善的问题。因此，需要建立长期的住房保障建设规划，把保障性住房建设和城市规划结合起来；同时，在避免保障房空置浪费的前提下，加大保障房建设力度，不断完善保障房进入轮候及退出机制。

（3）加快城中村改造。异地务工人员常聚居的城中村的公共设施、卫生水平和治安环境都比较差。因此，政府应加强规划和管理，通过改善基础设施、小区化管理等，提升这些区域的居住质量。城中村改造可以和"三旧改造"结合起来，利用市场化机制，首先与出租方签订长期租赁合约，经政府出资改造后，再租赁给异地务工人员家庭。

（4）完善住房公积金制度。调查中发现，40％左右的异地务工人员愿意通过自购住房解决住房问题，但出于各种原因大多数异地务工人员都没有缴纳公积金，在租房、购房时也就得不到相应的保障。因此，需要不断扩大公积金覆盖面，将异地务工人员纳入城镇住房公积金管理体系中，为异地务工人员购房提供低息或贴息贷款，允许为租房、装修等与居住相关的行为提供住房公积金，允许异地务工人员离职时提取公积金或办理异地转移。

2. 社会保障

（1）强化对异地务工人员的参保监管执法力度。完善依法征缴体系建设，重点落实外资企业、建筑行业、小型服务业以及商贸流通领域的个体工商户从业人员，特别是异地务工人员的参保工作，加大执法检查力度，实时跟踪辖区企业用工参保动态，确保应参必参、应保必保。

（2）建构健全的养老保障机制。建立健全养老保障制度是异地务工人员基本公共服务均等化的基础工程，也是调节社会收入分配的重要手段。通过养老保障制度建设，可以把公共资源更多地向异地务工人员倾斜，更好地促进发展成果全民共享，使异地务工人员更好地融入佛山。深圳市的完善异地务工人员养老保险办法具有一定的参考价值。通过降低异地务工人员参加佛山职工基本养老保险的门槛，以及对达到退休年龄时不符合按月领取养老金条件的异地务工人员支付一次性养老补贴等手段，鼓励稳定就业的异地务工人员参加佛山职工基本养老保险；探索建立异地务工人员转移养老保险关系的合理机制，保障异地务工人员的养老保险权益。

（3）完善对困难异地务工人员生活救助制度。目前，顺德已有政策，对非本区户籍的居民，因重大疾病或突发意外造成困难的，按照人道主义救助原则进行救助。如顺德区规定，对在顺德连续工作2年以上，并连续参加顺德区城镇职工基本养老保险2年（含2年）以上的在职异地务工人员，以及就读本区学校的在职异地务工人员未成年子女，因疾病、自然灾害等原因导致生活困难的，可申请临时救助。但是，这个条件需要讨论，建议工作时间修改为连续工作6个月。

（4）构建多层次职工互助济难基金体系。以工会组织为依托，通过各级异地务工人员服务中心（站），积极发动和吸纳异地务工人员参加职工医疗互助保障计划，使其成为异地务工人员社会保障的重要补充。采取企业注资、工会出资为主，员工捐资为补充的筹资方式，建立多层次、广覆盖、数额大的企业职工互助济难基金体系，以互助共济的公益精神，帮扶、救助生活困难的异地务工人员。形成工伤探视、医疗救助、临时生活救助等职工互助济难体系。

3. 子女教育

（1）通过组建"教育集团"整合资源实现教育均衡。佛山目前正在探索教育、医疗类的公共服务改革，通过成立"教育集团""医疗集团"的方式，改变现有的资源配置方式，转为以教育（医疗）集团或共同体为单位进行资源配置。在基础教育领域，通过"一校多区""教育发展共同体"来充分共享和拓展学校的资源优势，扩充优质教育资源，从而解决目前佛山异地务工人员子女享有优质教育资源问题，通过市、区、镇教育和医疗资源整合，让全市处处都有优质教育和医疗服务。

（2）进一步完善非户籍常住人口子女入学相关制度。目前，《佛山市非户籍常住人口子女入读义务教育公办学校实施办法》已经实行，但在实施过程中有很多方面仍需完善。例如，在调查中，有外来务工家长表示，目前各镇（街）试行的积分入学政策门槛太高，在有的计分标准中，有外来务工年龄、文化程度、技术职称等11个方面的量化加分考核标准，其中还规定一些同时满足的"必要条件"，仅仅是暂住证与社保这些条件，就可能卡住相当一批外来务工人员。因此，积分不应与太多条件挂钩。另外，还可以增加一些奖励积分项目。又如，调查中异地务工人员反映，"积分制"办理的手续较为复杂，且名额有限。因此，在坚持积分入学的大方向前提下，可以适当简化办理手续、增加积分入学名额，使之更加"人性化"。

4. 公共文化服务

多个社会调查发现，异地务工人员的文化需求是不一致的，即便是最基本的公共文化需求也由于年龄、生长环境的不同，以及由于来自不同的地方、不同的职业而存在差异。为了向异地务工人员提供令其满意的公共文化服务，切实改变公共文化服务的刚性供给问题，政府应建构公共文化服务的合理供给机制。

政府在进一步改善现有的以公益文化事业单位为主体的公共文化服务模式的基础上，要针对异地务工人员差异化的公共文化需求，不断加大公共文化服务项目的"购买"、资助、奖励与扶持。因此，可以根据服务重心的变化提供有针对性的公共文化服务，除了国家提供的地方性公共文化服务项目以外，地方政府也应根据异地务工人员的文化需求鼓励发展面向市场自主经营、自我发展的艺术表演团体、艺术表演场所和演出中介机构，提供地方性公共文化服务项目。

与此同时，还要改变过去那种以政府供给为主的单一供给模式，要建立以政府提供为主，政府引导企业、市场和社会提供相结合的供给体制，需要政府、市场、社会三者的协调合作，采用政府"权威型供给"、市场"商业型供给"和社会第三部门"志愿型供给"相结合，从而实现以公共文化需求为导向的公共资源配置机制。实现公共文化服务的均等和文化资源的优化配置，政府必须建立比较完善的结构合理、发展平衡、网络健全、运营有效、惠及异地务工人员的公共文化服务体系，努力实现文化公平。

5. 就业服务

（1）引导和鼓励高技能人才入户城镇。对符合条件又有入户愿望的外来务工人员提供咨询入户服务和手续引导，对辖区内企业的异地务工人员、高技能人才情况进行全面摸查，主动协调有关单位，了解异地务工人员、高技能人才基本情况，开展形式多样的异地务工人员、高技能人才入户的宣传工作，积极引导有入户愿望的异地务工人员、高技能人才入户工作。

（2）完善人力资源市场平台建设。在调研中，我们发现，人口结构转型的趋势越来越明显。地方政府通过人才计划不难吸引到高层次的人才，但更具挑战性的是为一些外向型的劳动力密集型企业寻找到足够多的工人。对此，各级政府必须转变职能，完善人力资源市场平台建设，为异地务工人员提供免费求职登记、职业介绍、职业指导、政策咨询等"一条龙"服务。

（3）整合政府和企业职业技能培训、高技能人才培训、再就业培训等项目。根据就业状况和就业工作目标，将培训与就业紧密结合，以培训促就业，增强就业的稳定性，加大技能培训转移就业资金投入，确保培训资金落实到位。

五、总结

在佛山市异地务工人员公共服务均等化的研究中，社区服务的多元参与机制理应成为关键。然而，在实践中，在公共服务与管理体制、服务理念与服务内容等多个方面依然存在着不同的制约因素，而这归结到社区治理的多元主体参与框架中，则可以视为以下两个方面的原因。

一方面，社区居委会并未充分调动社区居民与社会组织等主体的参与积极性，其他行动者参与途径受到限制。由于社区在我国的发展还处于不断探索的阶段，居委会作为社区建设的关键主体，在实践中往往由于有限的资源与大量的社区工作之间矛盾的限制，往往选择"包办"社区发展事务以提升工作效率，在引导居民参与社区建设方面积极性不高。另一方面，社区居民与社会组织等主体的参与意识存在较大的提升空间。由于"社区参与"在我国尚属较为新兴的概念，居民在日常生活中也缺乏了解的途径，加之本应起到引导作用的社区居委会发挥作用不够，使得居民对参与集体事务缺乏热情。

第二节　佛山市南海区狮山镇社区参与及发展研究

社区参与作为社区治理过程中的重要一环，很大程度上影响了社区的整体发展，因此在近年来逐渐成为政府探索的关键议题。作为在全市乃至在全国发展中名列前茅的镇（街）——狮山镇，它也在稳步探索社区参与与社区发展，并已经总结出一定的经验，也同时面临一系列难题。对此，本节结合在狮山镇开展的实地研究，总结狮山镇在社区参与及发展过程中的机遇与挑战，并提出进一步发展的政策建议。

一、研究背景

在联合国的推动和倡导下，社区发展逐渐成为一个全球关注的课题。追根溯源，社区是人类社会发展到一定阶段才出现的产物，"社区"一词最早由德国社会学家滕尼斯1887年在《社区与社会》（Community and Society）中提出，费孝通先生在20世纪30年代翻译其著作将"Community"翻译为"社区"从而引入中国。而社区参与的概念可追溯到1915年美国社会学家F·法林顿在《社区发展：将小城镇建成更适合生活和经营的地方》一书中所提出的社区发展概念，即一种经由社区内部居民积极参与并充分发挥其创造力，以促进社区经济发展、社会进步的过程。1960年，联合国出版的《社区发展与经济发展》一书对社区发展做了进一步的解释，把其定义为一种过程，即社区人民以自己的努力配合政府当局，一致去改善社区的经济、社会、文化等环境。这个概念不仅强调社区发展是一个过程，而且指出在此过程中人民要与政府相互配合，强调了政府的作用。社区发展后来也被人们称为社区参与发展或社区参与，社区发展的概念逐渐转变为社区参与。

随着社会的工业化以及住房的商品化，传统意义上邻里守望、鸡犬相闻的社区在现代城市中几近消失，取而代之的是现代意义上的商品住宅和邻里之间的"画地为牢"式的生活方式，"陌生人""碎片化"成了形容现代城市社区人际关系的颇为传神的词汇。如何从"陌生人社区"向"熟人社区"发展？亲望亲好，邻望邻好，社区建设要与邻为善，与邻为伴。但由于社区工作涉及面广、困难大，需要投入大量的人、财、物，是一项繁杂的服务系统工作，在现阶段要集中解决社区问题，仅依靠政府的力量是有限的，必须动员和组织起社区的全部力量，激发广大人民群众参与社区建设的积极性、主动性、创造性。社区治理的复杂化，呼唤一种更加创新的思维和模式，通过建立更加开放的参与体系和机制，将普罗大众对社区发展、社区问题的焦虑和关切，凝聚为一种促成社区改变的实践和行动，携手所有建设性的力量共同回应日益复杂的社区问题。

在《佛山市南海区国民经济和社会发展第十三个五年规划纲要》中，南海区政府强调社会治理改革的推进，坚持"更直接、全覆盖、常态化、制度化"原则,增强统筹力度,全面推进社会治理网格化全覆盖。以社区为主阵地,以创新社会治理、加强社会组织培育管理、加强专业社会服务机构和社会工作人才队伍建设为主线,全面推动"三社"联动。在社区方面,目标是建成国家"社区治理和服务创新实验区",促进社区自治的发展。由此可见,社区成为发展改革中重要的单元。

而狮山镇作为国家新型城镇化综合试点,更要努力推动社会治理的改革,尤其社区治理的创新。社区的发展离不开社区居民的积极参与。早在2013年,狮山镇已相继在塘中、狮城、驿园社区启动"睦邻之家"项目,目的是满足广大群众多元化的社会服务需求,推动社会管理创新及社区居民自治能力。由居民公选出来的楼长为居民代表参与社区自治,并广泛发动社区志愿者,协商解决邻里纠纷,探索构建社区、社工、社会组织"三社联动"、义工协同的工作体系,形成社区居民自治的新模式。2016年年底,狮山镇的社会服务体系搭建基本成型,且成效初现。通过顶层的策划及统筹,狮山整体社会服务朝着"专项服务品牌化""社区服务项目化""公益服务专业化"的方向发展。而2017年,在专项社会工作服务开展方面,将推出34个专项服务,项目总预算投入为960.52万元,分别在四个社会管理处开展长者服务、青少年服务、残障服务等。

二、发展现状

(一) 总体情况

目前,狮山镇推动社区发展主要有两种模式:邻里中心、睦邻之家。其中,罗村社会管理处的邻里中心,官窑、大圃、小塘三个社会管理处的睦邻之家的建设正稳步推进。

在2017年,狮山镇购买社会服务达33项,其中官窑社会管理处8项,占25%;小塘社会管理处5项,占15%;罗村社会管理处8项,占24%;大圃社会管理处4项,占12%;全镇层面的8项,占24%。详见图5-8。

在2017年,全镇在购买社会服务方面共计投入991.04万元。而不同社会管理处由于服务开展时间的不一致,因此在每年的经费投入上也出现差异。其中,官窑社会管理处的8个项目共投入353.86万元,平均每个项目投入44.23万元;小塘社会管理处的5个项目共投入134.44万元,

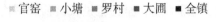
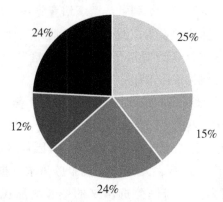

图 5-8　2017 年狮山镇购买社会服务项目情况

平均每个项目投入 26.89 万元；罗村社会管理处的 8 个项目共投入 400.56 万元，平均每个项目投入 50.07 万元；大圃社会管理处的 4 个项目共投入 76.77 万元，平均每个项目投入 19.19 万元；全镇层面的 8 个项目共投入 206.81 万元，平均每个项目投入 25.85 万元。详见图 5-9。

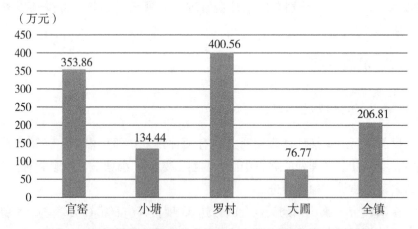

图 5-9　2017 年狮山镇各社会管理处购买社会服务投入资金情况

1. 社区服务设施逐步完善

从社会服务的场地看，69.7% 的村（居）服务场地依托文体活动场地（室内），服务场地依托睦邻之家/邻里中心场地的占 27.3%，服务场地依托小区公共活动场地的占 50.0%，其他的占 3.0%。详见图 5-10。

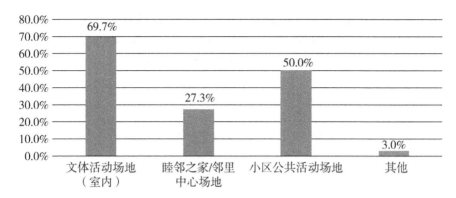

图 5-10 2016 年狮山镇社区服务场地利用情况

2. 社区服务来源不断丰富

从社会服务来源看，睦邻之家/邻里中心项目占 34.8%，专项社工服务项目（社区购买或落地社区）占 21.2%，义工服务项目（定期或不定期）占 48.5%，益动狮城·狮山镇首届公益创投项目（落地社区）占 6.0%，其他社区社会服务项目暂无。详见图 5-11。

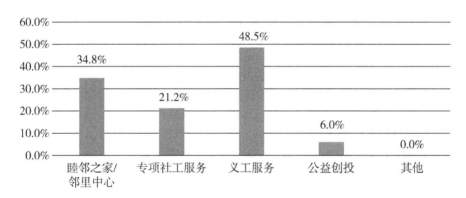

图 5-11 2016 年狮山镇社区服务项目来源

3. 社区服务内容更加多样

从社区社会服务看，便民利民服务和志愿互助服务更加丰富，排名靠前的主要有：党员志愿服务占 69.7%，老年人关爱帮扶服务占 59.1%，社区志愿者服务占 47.0%，妇女儿童关爱帮扶服务占 45.4%，其余的还有社区康乐服务、社区安全服务、外来务工人员服务以及助残服务等。详见图 5-12。

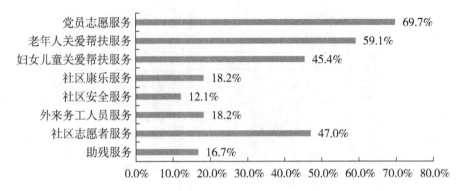

图 5-12　2016 年狮山镇社区服务内容

4. 社区服务队伍日益壮大

从社区服务队伍看，其构成更为多样，队伍日益壮大。其中，专职社工占 40.6%，专职社区工作人员占 36.4%，社区内志愿队伍占 34.8%，党员占 33.3%，睦邻之家/邻里中心成员占 31.8%，这五大群体构成了社区服务的主力，其余还有兼职社区工作人员、社区外志愿队伍等。详见图 5-13。

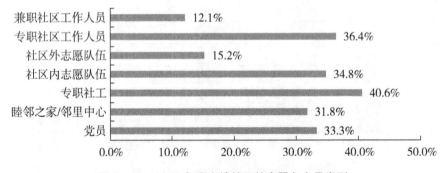

图 5-13　2016 年狮山镇社区社会服务人员类型

自 2011 年起，在充分借鉴新加坡等先进地区的社会管理经验后，为了积极动员社区居民、义工和社会热心人士更好地参与到社区活动中，营造和睦友爱的社区氛围，增强居民的社区归属感，形成守望互助的新型社区邻里关系，罗村开始探索成立具有本土特色的邻里中心。邻里中心从 2011 年的 3 家，经过 7 年的发展推进，到 2017 年已发展到 29 家。详见图 5-14。

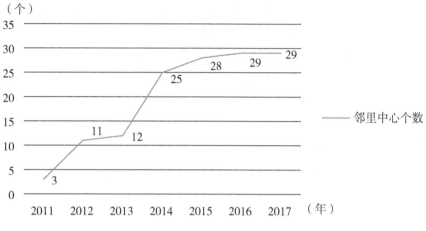

图 5-14　2011—2017 年狮山镇邻里中心发展情况

根据各社区邻里中心的不同情况,如成员构成的多样化、文化水平的差异、服务水平的高低等,政府通过不同的方式提供资源和经费扶持邻里中心的发展。从购买社工服务,以专业引领社区邻里中心提高服务水平,到注重本土人才队伍的建设,支持其活动策划和实施。在硬件上,完善基础设施的建设;在软件上,链接社工对社区活动进行传、帮、带辅导服务。2011—2016 年,已有 11 个邻里中心正式注册登记,成为合法的民间组织。而邻里中心也从城市社区深入发展至农村社区,城市社区有 11 个,占 38%;农村社区有 18 个,占 62%。详见图 5-15。

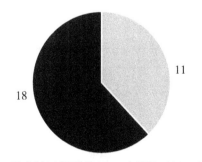

图 5-15　2011—2016 年狮山镇邻里中心城乡分布情况

目前,邻里中心已实现"四有目标"——有场地、有制度、有人员、有活动。现已成立志愿服务队伍 50 多支,志愿者 2000 多人,举办活动达到180多项,开展的服务内容包括社区便民服务、探访与帮扶服务、文艺晚会、兴趣班、各类知识讲座及功课辅导等,吸引参与居民10000多人次,多元化的社区活动更贴近居民的实际需求。而每年开展邻里中心项目创投工作,孵化品牌服务项目,推动邻里中心的规范化和常态化发展。

而睦邻之家主要以"家""社区"和"邻里"作为单元和纽带,开展邻里互助、慈善帮扶、文体活动等社区服务工作。自2014年开始,狮山镇扩大睦邻之家的服务范围,开展睦邻之家服务项目资助工作,对每个入选的优秀项目扶持金额不少于2万元。睦邻之家职责包括帮扶、培训、文体、邻里活动、发展志愿队伍等方面,服务对象涵盖社区综合服务、老人、青少年、弱势群体等。而自2015年开始,睦邻之家引入公益创投的形式整合资源,通过"社工+义工"的发展模式完善社区服务,协助开展活动,为睦邻之家的成员提供学习培训机会,加强服务队伍建设,营造和谐社区。

睦邻之家主要提供的服务包括社区公益性服务、政府购买服务以及配合居委会开展的服务,不承接政府各部门的行政工作,也不从事营利性活动,而睦邻之家的工作人员均为义务性质。睦邻之家的资金来源主要是向政府(居委会)申请经费补贴、社会捐赠、公益创投、低偿收费、自主募集等。

第二届公益创投的"睦邻狮城"板块共有23个项目入选,投入资金50万元,每个项目的资助力度从1万元到3万元不等。这部分的申报组织呈现多元化的特点,主要有团支部/党委、村(居)委会、邻里中心、睦邻之家等的参与主体。详见图5-16。

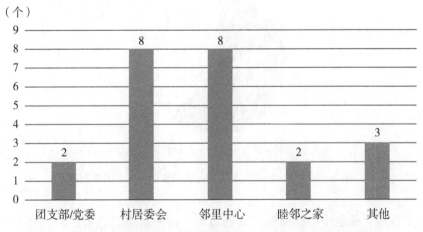

图5-16 第二届公益创投入选项目申报组织情况(社区服务部分)

另外，具有顾问性质的社区参理事会在为社区链接资源、提供服务开展意见的过程中也发挥了重要的作用，让居民能够以多种形式参与社区的规划和服务。而楼长制的推进，也对"散楼"的管理做了较好的补充，也为社区活动的开展提供了宣传的平台。

（二）典型案例

为了进一步摸清目前南海区狮山镇社区参与的发展现状，了解社区参与支持机构的总体情况，发现社区参与及发展所面临的主要问题及挑战，课题组于2017年6月至8月到顺德区的鹭洲、霞石、府又三个社区进行实地考察学习，并走访了乐安、石澎、狮城等社区，与各村/居委负责人、有代表性的社区服务机构（社会组织）机构负责人、社区居民进行深入访谈，调研范围覆盖了发展水平和人口状况不尽相同的社区，使调研样本更为多样化，能够更全面和科学地了解狮山镇社区参与及发展的真实情况。

1. 邻里中心：以乐安社区为例

以"立足社区、服务社群"为宗旨，从城镇社区发展至农村社区，罗村已建立29个社区邻里中心。社区邻里中心是典型的自治型社区服务组织，中心设主任1名、部长4名、顾问1名、督导2名。围绕"三个一"工程，邻里中心的发展以一个活动场所、一班热心的社区服务成员、一套详细完整的服务计划实施推进，努力做到工作自主、相互协作、人员自聘、经费自筹。而在资金支持上，政府每年资助邻里中心活动经费3000元，另有公益创投每年10万元的经费扶持项目推进。

在乐安社区，居委会在邻里中心的发展过程中扮演了重要的主导角色。首先是搭建平台，居委会与当地居民的联系紧密。在日常工作中，居委会能够收集到社区居民的各项需求，其及时性和准确性可以对服务项目的开展提供更为清晰的指导。其次是资源支持，居委会不仅为邻里中心提供场地，也为其提供经费。邻里中心目前的主要经费来源有三个：公益创投项目、居委会以及社工局的资金支持。作为经费来源之一的居委会，它为邻里中心的发展提供了稳定的经费来源，有利于项目的连续性及成熟发展。最后是资源链接。在爱心手工坊项目中，党组织及居委会进行了有效的资源链接，发动市场力量。该项目面向失业妇女、空巢老人、残疾人等弱势群体，目前共有20余人。项目以灵活的方式提供就业机会，有效地减轻了家庭的压力，缓和了家庭的矛盾。

邻里中心的发展也离不开一帮热心人士的支持。乐安社区的邻里中心由退休老人担任，属于义务性质，每月给予50元的电话费补贴。面向不同的群体，邻里中心在不同时间开展了不同的活动。面向老人，"欢乐夕阳"长者项目举办了健康操培训以及比赛，并对有需要的老人提供送餐服务、慰问探访和上门义诊。面向青少年，小学生暑期托管班服务项目为一至六年级的小学生提供功课辅导、兴趣爱好培养和励志教育等。"绣巧手，汇爱心"民间手工编织服务项目也受到辖区内爱好编织并有爱心的居民支持，他们义卖编织的围巾、帽子等所得的款项会继续用于项目的开展及团队建设，不仅实现了项目发展的可持续性，也推动了社区内妇女们的情感搭建。

社工的指导为邻里中心项目的开展提供了专业支持。在乐安社区，项目的开展主要由居委会进行策划，春晖社会工作服务中心为其提供意见及指导。居民的实际需求和专业监督的结合，能够有效提高项目的参与度和资源的利用效率。同时，邻里中心以"时分券"的形式设立了公益岗，其主要面向困难群众及义工，让他们在提供服务后用券兑换实物。邻里中心的设立，不仅解决了困难家庭的生活问题，也对居民义工进行了激励，让他们更好地融入社区。邻里中心成为重要的宣传阵地，增强了居民的认同感和凝聚力，有利于社区工作的推进。

2. 睦邻之家：以石澎社区为例

不同于城镇社区，农村社区在开展社区发展项目上更有自身的特殊性，因此农村社区在策划和开展项目时更注重其落地性、可执行性、可持续性和可孵化性，这对项目契合居民的需求提出了更高的要求。随着外出务工的居民越来越多，加上村中缺少类似城镇社区的托管班，从2011年开始，石澎社区结合居民需求，开展了睦邻之家的项目——暑期兴趣培训班。培训班的服务对象主要为本社区一至四年级的学生，由于不同年级学生的知识水平不同，培训班分两期进行，每班不超过25人。培训课程包括作业辅导、画画教学、硬笔书法教学、舞蹈教学、3D模型手工教学、折纸教学等，不定期举行安全知识讲座、环保知识讲座等。

该项目的创新点较为突出。首先，该项目主要是由石澎社区的大学生为村内的小学生提供服务。在村内教学资源较为匮乏的情况下，动员社区内大学生成为义工，让他们既成为服务者，也成为受益者，营造了一种助人自助的氛围，同时能够鼓励受到帮助的小学生在日后成为义教志愿者继续回馈家乡，使项目能够长期可持续地发展。其次，在课程内容的设计上,社区安排了有特色的课程活动,如墙壁涂鸦,通过画画比赛等形式,将获奖的作品作为涂鸦活动的题材,不仅对学生进行了肯定和激励,也促进了村容村貌的美化。

同时,为了巩固学习成果,增进学员、家长和义教志愿者之间的感情,在每期课程结束后,社区都会组织他们外出做团建活动,培养他们对社区的归属感。另外,在课程结束后,社区每年都会邀请专业的社工机构对培训班的开展情况进行评估,了解学生和家长对课程安排、内容设计、师资情况以及教学氛围等多方面的评价,为下一年培训班的开展提供改进意见,有利于课程设置的改善,提高满意度。

石澎社区从2011年开始至今,暑期兴趣培训班已成功举办七年,并在2014年成功获得了狮山睦邻之家项目的竞争性扶持资金。从最初只有简单的作业辅导发展到多元化的服务内容,从自己摸索到邀请专业社工辅导,石澎社区在此期间不断总结经验,寻求创新,以动员青少年为突破口,提高了全体居民关注社区发展的积极性。其中,结合居民的实际需求,青年学生携手为辖区内儿童及家庭义务提供服务,大学生在义教过程中分享自己的成长经历,激励了小学生树立远大的理想并培养自己的兴趣爱好,发挥了良好的榜样作用。

另外,石澎社区正在筹备建立新的活动中心,计划开展主要服务对象是老人群体的新项目,以期在中秋节、重阳节等重大节日外调动老人参与活动的积极性,进一步提高村集体的团结性。

三、存在的主要问题

在政府相关部门及专业机构的支持下,狮山镇各社区根据自身情况进行了创新,项目开展情况普遍良好。但结合采访调研及相关资料,仍可发现目前狮山镇在社区参与及发展中依然面临不少问题,主要表现为以下五个方面。

(一)激励机制不完善,活动与需求匹配度不足

各社区的人口构成和发展状况不尽相同,社区服务需求日益呈现多样化的特征,因此结合自身实际因地制宜地规划项目十分必要。而由于激励机制未充分发展,社区较多选择开展成效容易体现的活动,这些活动往往与居民所表达的需求不完全贴合,某些需求容易被忽略。因此,在活动无法贴合居民有效需求的情况下,其开展的活动较容易出现动员不足、资源

浪费等现象。

在社区迫切需要开展的社区服务中，老年人领域依旧是需求最大的领域，其次是青少年服务。但目前社区在开展工作上较少考虑到城乡差异和地区差异来动员居民，造成居民的行为及意识与社区未能跟上，其与社区建设的需求不相适应，导致各社区的项目参与程度差异较大，发展情况参差不齐。详见图5-17。

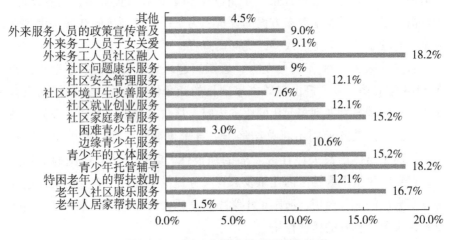

图5-17 2016年狮山镇社区服务需求

（二）政府单一主体格局被打破，但多元化格局尚未建立

虽然目前政府大力鼓励市场和社会主体参与社区服务发展，然而自从市社区建设领导小组在2010年被撤销后，全市社区建设的统筹力度有所减弱，政府相关部门在发挥主导作用过程中协调难度加大，目标难以统一，如各职能部门在社区的各项评比和检查名目繁杂，增加了基层政府和社区的负担。与此同时，社区参与及发展的项目主要由居委会主导，但根据初步统计，目前居委会承担的职责共有32个大类、140余项，其中三分之一的项目是依法必须完成的，另外三分之二的项目属于政府及其职能部门分派给社区居委会的工作任务，居委会承担的行政任务过多，使其难以投入更多的精力进行社会管理和提供服务，难以有效发挥法律所规定的自治组织的本位角色。

另外，虽然社区参理事会开始推行，但其主要承担咨询、链接资源的角色,在决策方面并无实质权力;加上参理事会的理事长一般由居委会工作人员兼任,也增加了居委会的工作压力。由于理清基层政府与社区居委会权责关系所涉及的法律法规和职能部门多,工作开展难度也十分大,市场和社会力量尚未能支撑整个社区的规划和发展,使得社区建设仍然面临重重困难。

(三) 制度环境不完善,社区服务缺乏整体规划

在推进社区参与及发展项目的过程中,政府相关部门之间的沟通不充分,社区服务缺乏整体规划和指引,使服务呈现碎片化。如石澎社区的睦邻之家项目,只有暑期兴趣培训班这个单一项目,主要针对青少年儿童,而对老人群体开展的项目尚处于空白状态。缺少相关的指引和要求,虽可让社区具有较大的自主权进行规划,但也造成了服务内容单一、无法有效满足居民需求的现状。

根据统计,2016 年,狮山镇社区服务主要集中在城市社区,覆盖率达到 100%,每个社区至少有 1 名专业社工进驻。但农村社区有社会服务的仅占 40.32%,有专业社工服务的仅 2 个社区。另外,各社会管理处规划开展时间不同,基础也不一样。罗村社会管理处起步较早,投放资源较集中,覆盖面广;但其他社会管理处起步较晚,服务较为零散,水平也较低。另外,目前政策和相关资源对城市社区倾斜更多。这是因为政策宣传的渠道并未通畅,社区之间的交流不充分,且对各社区的发展状况了解不足,政策难以因地制宜做出倾斜,导致了政策更多以城市社区为主,城市社区和农村社区发展的差距进一步加大。详见表 5-6。

表 5-6 2016 年狮山镇社会服务落地村居情况[①]

社会管理处	社区总数(个)	有社区服务的社区数量(个)	百分比	社区服务资金(万元)
官窑	27	5	18.52%	49.73
小塘	19	6	31.58%	125.21
罗村	15	15	100.00%	108.10
大圃	5	3	60.00%	59.50

① 备注:此表中的社区服务只包括直接性投放在社区服务的项目,不含间接服务以及管理处的综合性社会服务。

（四）缺乏投入机制，资金来源较为单一

目前，狮山镇社区参与及发展的项目资金来源主要分为三个部分：社工局、居委会以及公益创投。由于与企业和社会联系较少，市场及社会力量未能被真正撬动，社区资源难以充分开发利用。而公益创投目前开展的形式较为单一，未完全贴合社区的实际。详见图 5-18。

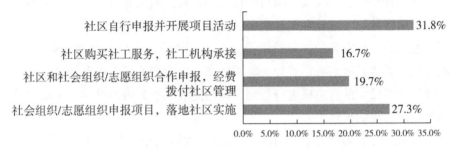

图 5-18　2016 年狮山镇社区希望参与公益创投的方式

同时，各社区的发展水平不尽相同，但普遍面临着活动场地缺少、经费不足等问题，投入机制的缺乏造成了资源利用效率较低、社区参与覆盖面窄等问题。

再者，部分草根组织由于人力财力等资源不充足等问题，未达到独立注册的要求，影响创投项目的参加，难以申请资金的支持。加上在资源稀缺的情况下，部分发展良好的项目吸引了政府和社会更多的注意力，小项目在初期难以获得更多资源培育成长，发展差距拉大。

（五）专业人才的指导少，以基础性、保障性服务为主

在调研中，我们发现部分社区在日常活动的开展中较为缺乏专职社工的指导和监督。如乐安社区，他们所聘请的来自春晖社会工作服务中心的社工只是兼职的，社工需要流动对不同邻里中心进行指导，注意力较为分散。而中心的主任及其他成员主要由退休的居民担任，虽然时间充裕，但在链接资源、规划服务上能力较弱，不利于项目的长远发展。而在手工坊的发展中，由于师资的缺乏，他们只能做技艺较简单的作品，使成品在外观以及附加值上难以获得提升。而石渗社区，由于资金的限制，他们只能在暑期兴趣培训班结束后邀请社工进行评估，频率大概是一年一次。而在

日常的活动组织中,他们也表示由于缺乏专业社工的支持,大学生义工并不具备与青少年儿童沟通的技能,以致他们在与小学生沟通的过程中时常出现一些问题。

另外,社区参与形式的多样性不足,多为基础性保障性服务。目前所提供的服务多为简单的托管和兴趣班,活动的举办也多集中于重大节日,且社区社会组织以及扶持其发展的社工机构缺乏经验,指引和参考也较少,社区参与未能形成体系,无法实现常态化、规范化发展。

四、政策建议

(一)完善激励机制,提高活动与需求贴合度

完善激励机制,指的是提高村(居)活动开展者以及活动参与者的积极性,鼓励村(居)创新活动开展形式及内容。在策划活动和开展项目前,征询辖区内居民的意见和建议,以期服务内容更贴合居民的需求。充分发挥居民小组长、住宅小区的楼长等民间精英的作用,通过居民代表与居委会、邻里中心等相关服务机构的沟通协调,为开展项目营造良好的社区环境和舆论氛围。另外,创新社区参与的体制机制,丰富参理事会的人员构成,使其更具有代表性,并利用参理事会在决策咨询、链接资源上的作用,推进居民自治。

同时,动员居民需以不同的群体作为突破口,如在外来务工人员较多的社区,面向青少年儿童开展兴趣班有利于带动来自不同地方的家庭进行互动,推动社区融合。而在以老年人为主的社区中,项目应多关注老年人服务,丰富老年人的晚年生活。由于在日常的生活中,青壮年人群需外出工作,参与活动的时间不多,在社区参与中较为被动。因此,在动员社区参与的过程中,以青少年儿童、老年人为突破口,带动更多家庭参与其中较具有可行性。在激励上,推广"时分券""时间银行"等"志愿时"储蓄制度,壮大志愿者队伍。

(二)明确角色定位,畅通沟通渠道

在目前的发展模式下,社区居委会扮演着重要的主导角色。但是,由于目前居委会与基层政府工作关系较为复杂,承担了繁多的职能,难以更好地提供管理和服务,因此需要进一步理清两者关系,以切实建立强有力

的领导机制,进一步完善党委和政府领导、民政部门牵头、有关部门配合、社区居民委员会主办、社会力量支持、群众广泛参与的社区建设工作体制,加强部门间的交流合作,保证沟通渠道的畅通,促进社区建设的统筹协调。

在明确各相关部门的职能和权责关系的情况下,合理放权,科学分工社区居委会、邻里中心等有关服务机构的组织职能,提高社会组织的参与度。完善社会组织培育发展和服务管理体制,出台相关管理规范,构建管理机制、自律机制和监督机制,优化社区参与和社区建设的制度环境,推动社区服务逐步走向规范化。

(三) 梳理现有服务,做好服务规划

目前,狮山镇社区参与及发展的项目内容和形式较为多样,但项目因未做好分类而呈现碎片化,因此需要做好现有服务的梳理和分类,以社区为单位,统计已有服务的开展情况,如形式、内容、目标人群、参与频率等。在此基础上,建立完善的社区服务体系,对有需求但缺位的服务进行有针对性的补充发展,依托社区现有资源,继续推进公共服务均等化。

同时,在做服务规划的同时,需考虑各社区的财政情况,做好社区服务基础设施的建设,按照规划标准逐步更新完善配套,促进设施功能多样化,扩大服务覆盖面以及承载量,既要统筹兼顾,也要差别配置,通过坚实的财政支持实现事权和财权的相匹配。

(四) 加大资源投入,动员社会市场力量

在投入机制上,政府应加强对购买公共服务的重视,在明确需求后进一步扩大购买公共服务的范围,设立专项资金,为社区发展项目提供持续的资金支持和服务指导,保证项目具有培育、成长的时间。在做好财政预算的同时,在执行上需建立健全监督体制,在制度的框架下使监督指导运作日常化、规范化。另外,引入竞争性购买机制,以评估结果为基础,进行奖惩,以激励约束社区社会组织的发展。

除了政府的资金支持外,应充分动员社会和市场的力量,探索扩大多元化资源支持的渠道,鼓励民间成立福利基金会,推动社会捐赠的发展,从场地提供、物资购买以及专业知识等多方面为社区项目提供支持,保证项目的顺利开展。另外,对贡献突出的社会和市场组织进行适当的表彰和

奖励，有利于激励其他组织进行学习，形成和谐互助的社会风气。

（五）提高服务专业性，培育品牌项目

推动社区发展离不开专业的指导和指引，因此，需要提高社区社工机构及其社工的专业性，加强服务机构的建设，不断提高社工服务的水平。另外，根据社区的实际情况，努力培育志愿服务组织，对在社区范围内活动的服务组织实行备案以及志愿者注册，探索建立社工、义工联动发展的新机制，促使社工和义工之间互相交流学习，让社工和义工在实践中锻炼自身的服务技能，共同提高综合素质以提供更专业的服务。

另外，结合社区实际，鼓励创新，打造具有当地特色的品牌项目。如在具有文化底蕴的社区中，应注重挖掘和活化当地文化，动员社区中熟悉历史的老人以及青少年儿童，以开办学堂、绘制社区地图等方式组织起来，梳理并整合社区中的资源，在实践中深化对家乡的认识，提高社区凝聚力。而在外来人口多的社区中，应更加注重融合，通过兴趣班等方式交流不同地区的文化，促进人们对彼此的了解，加强对社区的归属感。

第六章
社区福利服务实践的困境与原因探析

第一节 社区福利服务实践中的困境

一、政府主导，其他主体参与的渠道不完善

与大部分地区的实践类似，佛山市在社区治理探索的过程中存在政府部门起绝对主导的作用，在社区治理的过程中的决策与执行环节都占据绝对的主导权，容易导致社区治理过程中相对地忽视其他主体的意见。这在多元主体互动的过程中主要体现为两个方面。

（1）社区居委会注意力有限，应优先选择满足管理职能。具体而言，社区居委会作为基层自治组织，在多条支线的工作中接受镇（街）一级的政府部门管理，并在日常工作中需要就流动人口管理、治安与消防等各个领域进行检查与考核。而在我国社区工作的开展中，社区居委会的工作人员的编制相对有限，作为直接面向居民、服务居民的单位组织甚至出现长期以来的工作量超负荷的状况。对此，面对工作人员精力分配有限的情况，居委会工作人员更倾向于优先解决社区日常工作的管理而并非优先满足居民的公共物品与公共服务需求，实现"效率优先"，而存在可能忽视居民实际需求的情况。

例如，在大沥镇网格化治理的案例中，网格化作为创新社区治理的工具，旨在通过结合信息化技术手段优化社区一级工作人员的办事流程与提高日常工作效率。然而，调研发现，网格化在日常运用过程中问题依然层出不穷，主要体现为工作注重支线管控而并非整体治理与工作内容碎片

化，这些问题的存在导致工作人员难以及时完成网格中的工作内容，加之对社区工作人员的激励作用有限，他们在工作中往往积极性不足，而以完成政府部门的管理为主要目标，疲于应付各项检查和考核。对此，社区居委会作为参与社区治理的重要主体，已经成为基层政府部门的执行单位，但其工作人员精力有限，在社区工作的开展中更容易以政府部门的发展方向为行动偏好，一定程度上忽视了本社区内居民的意见表达，对于为居民等主体搭建意见表达平台等探索也分身乏术。因此，在社区福利服务实践中，总体而言社区依然以践行政府部门的政策为主要工作任务，而一定程度上忽略了其他主体的参与以及利益表达，社区治理的探索依然沿用自上而下的路径。

（2）由于社区居委会倾向于满足管理职能，相对忽视多元主体的参与渠道。得益于相对较好的社会经济发展水平，佛山市的社区治理探索一直以来处在全省前列，能够通过多种方式创新社区治理机制，谋求更优的发展。即使如此，佛山市各社区对于居民和社会组织对社区发展的参与渠道构建依然处于初步阶段，意见表达的途径不通畅且反馈力度也相对不足，形成了影响社区居民参与积极性的恶性循环，进一步影响了参与主体多元化的探索。

在大沥镇网格化的案例中，虽然网格化的应用划分了社区内的片区，但在日常工作中依然是以巡逻员单向的工作执行为主，在巡逻中对于居民与商户意见的收集也寥寥无几，这与庞大的工作量同他们工作中掌握的自由裁量权相关。不少巡逻员选择在工作中收集到的意见会少报，从而减少工作量。因此，即使在网格化巡逻中的意见收集依然可能存在被过滤的可能性，这也在一定程度上阻碍了居民参与社区治理的渠道，忽视了居民意见的表达，影响了居民的再次参与。相对地，在该案例中，不少居民表示附近区域会设立微信群，居民或商铺业主能够在群里表达意见诉求，这也可以视作居民参与社区表达诉求的平台。虽然目前应用主要停留在反映日常问题，但这可以视作逐步培养居民意识的平台，引导居民越来越愿意为自己生活中面临的问题发声，理应逐步探索与推广应用，把社区参与的更多功能引入微信等网络平台中，通过信息技术手段更新居民参与社区发展的方式。

二、重管理轻服务，新市民群体公共服务享有相对不足

由于社区发展依然以政府部门为绝对主导，社区居委会在工作执行中普遍会存在"重管理"与"轻服务"的倾向，对于公共物品与公共服务需求的满足处于次优选择，社区演变成为执行政府部门政策的单元，总体而言更符合不少学者总结认为的"社区是为了解决单位制解体后城市社会整合与社会控制问题的、自上而下建构起来的国家治理单元"（杨敏，2007）。

一般而言，社区工作的主要目的是利用社区资源，强化社区功能，解决社区问题，但在日常工作中居民与社区居委会的联系并不密切。尤其是随着信息化技术的逐步应用，不少居民能够直接在各层级政府的公共服务平台办理对应事项，而在社区的窗口办理也可以简化为通过线上平台或是居委会的自助服务机器，因此居民与所在社区居委会的联系通常而言并不密切。同时，由于我国各地社区工作的开展与居民身份相关，即对居民的管理可以区分对本地居民与对外来务工人员两个群体，源于户籍限制而产生的城乡二元结构也影响了社区公共服务的提供，影响了社区福利服务提供的公平性。由于居民身份对应了本地的公共福利资源，居民能够享受到免费的教育、社会保障与住房等方面的公共资源。此外，虽然各社区动员居民参与议事程序的程度有所差异，但是他们具有参与的权利。因此，本地社区居民对社区的归属感会更强，而对社区内已有的公共资源相对满意，一般而言较少提出进一步公共服务的需求。相对地，虽然佛山市近年来在深化推进实现公共服务均等化，但是由于基本公共服务对象存在身份差异，异地务工人员融入本地难度较大，并且基本公共服务系统性不足，始终存在"碎片化"的现象，该群体对于诉求的表达始终难以被采纳。因此，虽然他们有表达公共服务享有的强烈意见，但是居民身份的限制使得他们在社区发展过程中参与较少或具备表达的权利相对有限，加之居民自治的发展水平相对有限，他们的意见难以形成社区发展的主要方向。由此，在社区福利资源相对有限的前提下，新市民群体对公共服务提供的需求与供给方面依然存在较大的差距，这也使得他们对于社区发展的参与程度受到限制。

以佛山市异地务工人员的公共服务均等化研究为例。相对于对本地居

民日益完善的基本公共服务提供，异地务工人员的需求满足情况存在较大的提升空间。具体而言，异地务工人员对基本公共服务的需求呈现多样化特征，以随迁子女教育和社会保障为主的基本公共服务需求难以满足。然而，社区居委会在面向"新市民"群体时，比对本地居民更多地采取管理手段，以为他们办理居住证与实现流动人口管理为工作重点，而对于他们更希望享有的市民身份及其对应的公共服务仍处于缺位状态，这使得他们对社区的融入产生了一定的负面作用。同时，由于本地居民与新市民群体理应构成社区发展过程中的"居民群体"，但基本公共服务的差异性供给某种程度上加剧了他们之间的差异，影响了他们作为参与主体的内部协调与意见表达。

三、居民意识不足，参与社区发展积极性不高

首先，居民主体的公共物品与公共服务需求的满足应当是社区发展的根本目标，社区治理需要以社区居民的需求为基础与发展导向。然而，在佛山市目前的社区治理实践中，虽然不少社区已经构建了居民反馈意见的线上与线下平台，但由于社区存在重管理与轻服务的倾向，因此居民对于居委会的定位存在一定的刻板印象，对于社区居委会的认知停留在"办理手续"与"处理日常事务"的层面，忽视了居委会收集居民意见的可能性，对居民参与社区自治的认识缺失，从而影响了他们对社区居委会工作的参与。其次，由于社区人力资源的限制，跟进与居民互动的各种机制的工作一般由原来社区居委会的工作人员兼任，因此社区对于居民意见的满足程度普遍存在"力不从心"的尴尬情况，可能存在无暇兼顾解决居民反馈问题的情况，而这相应地影响了居民对公共服务需求表达后的期待值，进而减低他们参与公共事务的热情。最后，社区组织对于居民参与公共事务的重视程度较低。一方面，这表现为对于现有渠道的宣传力度相对不足，社区居民对现有途径的知晓程度不足；另一方面，这表现为对开拓居民参与的新渠道探索存在较大提升空间，目前对信息化技术的进一步应用存在资源限制。由此，两方面的因素导致了居民缺乏进一步培养社区参与意识的可能与提升社区参与能力的空间。同时，这也阻碍了居民群体发育成为承担社区治理与社区福利服务的主体之一，使其难以形成共治共享、良性互动的局面。

南海区"文明村"探索的例子，说明社区中居民参与程度较低。由于

目前南海区不少社区依然沿用较为传统单一的农村的管理模式，与社区居民的互动还是以开会、考核和罚款等行政运作手法为主，信息的单向传递，一定程度上限制了社区居民意见表达的空间。此外，虽然部分社区也开始推行社区参理事会，但它的主要作用是咨询而并非影响决策。在此情况下，虽然居民看似能够参与到决策的过程中，但本质上他们还处于"外围"状态，并不能对社区发展起到重要作用。对此，社区居民所获得的参与感较低，导致参与意愿并不高。这也相应地导致了居民能够表达建议的途径受到影响，加剧了可能存在的公共服务供给与需求不匹配的情况。而案例所体现的状况正是目前很多社区的现状，社区工作的运行模式与当下社区所面向日益庞大与复杂的公共服务需求越来越不适应，这其中的主要原因之一则是居民意识不足。

四、协作机制有待完善，社区福利资源整合程度较低

与社区治理的核心一致，社区福利服务的发展也需要实现主体多元化。然而，在佛山市目前的实践中，政府部门、社区居委会、居民与社会组织之间的互动机制中居民的作用发挥并不显著，甚至一定程度上可以视为被排除在协作机制以外，意见表达渠道不畅。此外，相对于西方国家中社会组织在社区发展中占据的重要地位，社会组织在我国社区发展过程中主要依附于政府部门与社区居委会，负责执行功能并向社区居民直接递送公共服务，在社区治理过程中并没有充分发挥自身优势，对资源的整合程度相对较低，影响了社区福利服务的递送。

以南海区狮山镇社区参与及社区发展研究为例，作为国家新型城镇化综合试点的狮山镇为了满足广大群众多元化的社会服务需求，积极推动社会管理创新及社区居民自治能力，与社会工作机构合作在社区内因应居民需求推出多项专项服务。然而，社区参与及其发展的参与主体依然是政府部门与社区居委会，来自社会与市场的力量并未被纳入发展的规划中，因此居民日益增长的社区福利服务需求只能够依靠长久以来的二元主体，近年来发展迅速的社会组织并未获得参与的途径与足够的探索空间，社区发展过程中的多元协作机制还没有形成，难以综合多方优势整合资源，共同推进社区福利服务实践。

第二节 社区福利服务困境的原因探析

佛山市社区福利服务实践中存在的问题，本质上都可以归结为政策目标在社区发展过程中出现偏离，涉及多个主体在其中的行动策略与预期存在差异，难以有效践行政策目标。结合本书提出的理论框架，即基于多元治理的社会福利体系，可以从不同参与主体的角度剖析问题产生的原因，并以此为基础寻求突破目前存在困境的有效切入点。具体而言，结合佛山市在基层自治与公共服务供给两个方面的社区治理探索，可以总结出主体之间的协作问题，归纳为以下三个方面。

一、参与主体不明确，多元参与体系尚未成型

正如多元主体参与社会福利体系的探索，在社区福利服务实践的探索中应当以多元参与体系的构建为基础，这其中包括明确参与主体及其行动界限，并为不同主体提供能够参与的途径与平台。然而，在佛山市目前的探索中，主要体现为政府与社区组织占据主导地位，居民与志愿组织被边缘化。

首先，在佛山市的样本中，政府与社区组织依然占据主导地位，并以政府部门通过检查与考核等多种手段执行政策而占有绝对的话语权，主要体现为通过消防、流动人口管理与治安等多条支线不同工作的碎片化考核形成对社区居民委员会的多重压力与造成重复性的工作量，使得社区居民委员会在有限的人力物力情况下往往对上级的检查工作都分身乏术，更难以开辟探索社区居民与志愿组织的参与。由此，社区居民委员会实际上演变成政府部门在基层的管理机构，延伸为基层政府在社区一级的"管理单元"，缺乏作为社区组织应当对居民履行的服务职能，其理应具备的参与基层自治的自主性难以体现。这也使得在工作开展过程中维持管理的格局，而更多体现自治特质的居民与志愿组织则难以融入社区发展的参与体系中。

其次，这也与政府部门近年来探索的转型相关。虽然近年来基层自治成为社区发展的重要目标之一，各级政府也出台越来越多的措施完善居民可以享受的各式服务，但是作为基层政府面向庞大的工作量与复杂多变的

居民需求，在工作过程中依然倾向于优先实现"稳定"的职能，其行动逻辑优先服务于社会管理与社会民生各个方面对社会经济整体发展的贡献，而对市民日益增长的对美好生活向往的公共服务需求的满足并不是社区建设的最主要目标。

最后，由于多元主体参与社区治理的体系尚未成型，因此居民与志愿组织的参与更多依托于自身的自治意识与自发参与社区建设的积极性。这又需要区分居民与志愿组织两个主体展开讨论。对于社区居民，虽然他们的社区发展需求理应成为社区治理的核心目标，但是由于他们对于需求表达的不充分与对居民自治意识相对薄弱，加之社区居民群体中的青壮年群体通常忙于生计而难以抽时间参与社区事务，对于社区事务往往停留在特定会议召开等，而关于日常运作事务普遍不了解，因此缺乏参与社区治理的积极性。对于志愿组织，这与所在社区自身的自治水平相关，主要涉及的群体为学生群体、全职家庭妇女或刚退休的老年人。而志愿组织所组织的活动则与社区组织推行的主要方向相关，可以结合社区引进的社会工作服务安排志愿者配合工作，在满足社区内社会工作需求的同时调动志愿组织的积极性，增强社区内不同居民群体的联系，同时增强他们对社区的归属感。然而，志愿组织的培育需要具备特定的社会基础，包括社区组织的重视程度、居民的响应程度与可以参与的社会活动等特定条件。

总体而言，佛山市目前社区内的志愿组织发展大致处于初步发展阶段，尚未实现所有社区的全覆盖，且自主开展的活动较少，主要为依附于社区购买的社会工作服务的递送。在政府部门与社区居委会的行动选择下，居民与志愿组织长久以来并未被纳入真正参与社区自治的主体体系内，多元主体参与治理体系缺乏必要条件，社区福利服务的多元体系建设存在较大提升空间。

二、参与主体利益不兼容，影响参与意愿与实际执行

在参与体系并未实现多元化的基础上，影响社区福利服务实践的另一个原因则是参与主体之间利益不兼容，由此影响了主体参与社区发展的实际意愿与在探索过程中的行动逻辑，导致在实际运作中与预设的政策目标存在偏差。其中，在佛山的案例中，由于居民与志愿组织对参与社区自治的发展程度相对较低，其所具有的利益机制实际上对社区福利服务实践还没有产生影响。因此，本书主要对政府部门与社区组织（社区居委会）展

开有针对性的讨论。

第一，对于政府部门的讨论需要区分群体与个体。在社区福利服务实践的讨论中，以佛山市为例，参与最多的政府层级是镇（街）一级政府，它们起到"承上启下"的作用，研究如何把市级与区级的政策探索依据自身实际在社区实现，在参与意愿与资源配置上位于最重要的位置，成为推动政策执行的关键主体。然而，对于镇（街）政府而言，"管理"与"治理"的区分还在不断推进当中，它们倾向于在实现较为良好的管理基础上尝试引入多元主体的概念，完善基本公共服务的提供。然而，这就意味着政府群体的探索中更有可能存在路径依赖的现象，即对国家、省、市与区级等层级推出的政策深入推进贯彻，而较少缺乏创新探索，以完成上级下达的任务为其他所有工作开展的基础。此外，由于社区自治的探索需要考虑试错成本，而这对于镇（街）一级而言存在较大的探索风险，因此在社区治理的过程中总体呈现较为保守的姿态。此外，对于政府部门行动逻辑的考虑也需要讨论领导者群体的个人特质与利益考量。虽然社区自治已经成为近年来各级政府倡导的方向，但对于基层政府，其还需要考虑基层自治所衍生的系列风险，而不稳定的基层情况往往成为领导者的重点考量因素，这也一定程度上影响了基层政府推行基层创新的意愿与决心。

第二，对于社区组织（居委会）的讨论则与政府部门的逻辑相似。虽然社区组织作为基层群众性自治组织，主要服务的人群应当是社区居民，且以对居民负责为工作考核的最终指标，然而在我国当前的实践中，社区居委会已经逐渐向基层政府负责，甚至有"派出机构"的意味，因此目前所考量的主要利益基点是完成上级对它的考核。在社区福利服务的实践中，社区居委会作为"承上启下"的关键主体，其工作目标从本应的居民需求导向变为上级指导要求导向，这其中的目标偏差使得社区福利服务实践的发展方向变化。同时，社区居委会也并非与政府部门实现完全的利益兼容。由于它们需要直接面对社区居民各式各样的需求，这也使得社区居委会面对政府部门可能利用信息不对称的情况而采取变通和拖延等灵活性的应对策略，对复杂烦琐的工作进行分类和迫切程度的排序，主要用以解决已经存在的问题，而难以探索基层创新社区的发展。

因此，政府部门与社区居委会之间存在利益不兼容，它们主要考虑各自风险的把控与计算试错成本，并没有形成政府部门监管以及社区居委会执行统筹的有效分工，且已有的信息沟通机制也并未完全畅通，影响了社区居委会作为关键行动者的参与创新社区福利服务的意愿与执行情况。

（三）参与主体资源可及性不均衡，参与行动力差异较大

由于社区福利服务实践的多元参与体系还没有形成，居民和志愿组织被排除在外，加之政府部门与社区组织作为主要的行动主体存在利益不兼容，行动主体的参与意愿并不高。除了主观层面上意愿的限制，参与主体也由于资源可及性的制约这一客观层面的影响而导致参与行动力差异较大，这主要涉及社区组织、居民与志愿组织。在佛山市的案例中，这主要体现在地区之间的差异与社区内部主体之间的差异。

一方面，社区发展与所在地区的可及资源密切相关，包括基层的镇（街）政府以及所在社区的资源。相对于镇（街）之间存在的发展差异，社区自身的发展状况在佛山市的样本中体现得更为明显。由于农村社区保留集体经济，虽然南海区已经通过"政经分离"的探索实现基层自治与经济发展的分离，但集体经济往往对于社区的发展形成有效的资源补充，例如可以通过集体经济土地分红的筹集，为村民提供医疗报销的"二次报销"、为所属经济社的老年人与儿童等提供各种现金福利与服务，这些可及的资源都为社区工作的开展提供了一定的支持。同时，这也为志愿组织的发展与培育提供土壤。

另一方面，社区内部主体之间也存在可及资源的差异。社区居委会能够有效统筹社区内各项资源并基于社区居民需求进行有效分配，而居民这一主体的行动力则主要依托于社区组织对居民群体的组织情况，也与居民群体内部自发形成的组织，如以小区为单位的居民组织相关，志愿组织的资源可以主要依托社区组织、企业与其他社会组织提供的支持。然而，在目前佛山市的案例中，由于社会自治的环境还在探索阶段，因此志愿组织目前依然主要与社区居委会的工作联系最为密切。对此，对比社区内不同主体，居委会依然占据绝对主导地位，在居民与志愿组织参与意愿以及参与能力都较低的情况下决定了社区工作的开展。

四、小结

在佛山市的样本中，多元治理的社会福利体系在社区治理领域的探索还处在起步阶段。对于政府部门，虽然其理论上逐步放权给社区组织与居民，但实际上依然占据主导者的地位，这很大程度上决定了社区福利服务

体系的建设与发展；对于社区居委会，虽然其在探索营造居民与志愿组织参与社区发展的空间，但囿于客观资源与主观意愿，其实际上依然履行着执行者的职能，对于社区资源的整合程度较低，难以构建协调多元主体的社区治理体系；对于居民群体，虽然其参与社区事务的意识逐渐增强，也逐步参与社区发展，但其实际上能够参与的途径有限，并没有充分发挥其自治主体的作用；对于志愿组织，其在佛山市的案例中是相对不完善的探索，也受到地区之间和社区内部等多种差异因素的影响，其自身发育程度较低，并未具备影响社区发展的能力，基本游离在当前的社会福利服务的探索中。

总而言之，佛山市在当前社区福利服务的实践中虽然存在各区之间与各区内部的差异，但其在整体探索的过程中依然面临各种难题，并可以嵌套在社区福利服务的多元治理体系的框架中，从政府部门、社区组织、居民与志愿组织等主体参与的角度归纳当前困境产生的原因，这也对如何完善社区福利服务实践提供了思路，这部分内容将在下一章展开讨论。

第七章
社区福利服务整合的实现路径：
基于佛山市样本的分析

第一节 社区福利服务整合的理念：兼顾公平与效率

探索社区福利服务应当首先明确发展理念，即在社区发展的过程中，在基层自治与提供基本公共服务等方面兼顾公平与效率，在面向不同人群实现基本公共服务递送均等化的基础上实现面向不同特征居民的差异化的精准性服务，提升社区福利服务资源的整合效率。

一方面，需要以基本公共服务均等化为社区福利服务提供的基点。随着新市民群体的日益壮大，他们在为城市发展做出贡献的同时也表达了对基于市民身份的均等化公共服务的期待与需求，这将在很大程度上影响他们对流入地的归属感与认同感，进而影响他们在本地的继续发展。在佛山市，这体现得尤为明显，各级政府都在努力探索如何实现公共服务均等化，市级政府负责统筹，区级政府负责推行积分制度，为新市民在本地享有户籍与伴随的公共服务提供可能。然而，由于公共服务资源相对有限，对于外来务工人员的公共服务均等化是基于对本地户籍居民公共服务需求满足的基础上，由此虽然在逐步探索公平性，但是目前能够开放的基本公共服务依然有限。因而，实现均等化公共服务需要以改善和完善社区公共服务为基础，增强社区成员身份认同和归属感。而提供和完善社会基本公共服务，既是政府的职责所在，也是社会共同体生成的基础。对此，实现基本公共服务城乡均等化和农村居民、城镇居民、外来人员等社区成员的"服务同等化"，推进改变以往农村非户籍居民社会服务和管理无人管、无人问的"真空"状况。在佛山市的样本中，实现公共服务均等化的主要手段为积分制度，需要结合各区实际评估与重新审视该制度的实施情况，通过对外来务工人员的需求收集调整政策设定，在可以享受的公共服务类别与可及门槛等方面进一步完善，并逐步扩大外来务工人员在佛山的社会保障覆盖范围，增强他们在本地的认同感与归属感，更好地融入佛山市本土的社区建设。

另一方面，需要对社区内不同特征与需求的人群提供精准的基本公共服务。社区内具有不同特征的居民呈现差异化的公共服务需求，而老年人、残疾人与"三无"人员往往是社区福利服务的重点瞄准人群，他们在公共服务领域存在更大的社会化需求，难以通过自身与家庭的支援得到满足，这就更需要社区的介入，为他们提供有针对性的服务。同时，对于其他类型的居民对公共服务的需求也体现在教育、就业、住房与医疗等方面的不同，这也需要社区对居民群体在进行需求收集的基础上归纳，进而结合社区内可以整合的资源总结社区福利服务的发展方向，提高公共服务递送的效率。此外，还需要协调居民与志愿组织的作用，调动他们参与社区发展的积极性与提升他们对社区建设的配合程度，减少社区福利服务递送的障碍。在佛山市的样本中，虽然不同地区之间的探索存在差异，但南海区与顺德区走在发展的前沿，它们中的不少社区都已经通过公共服务购买的方式引入社工机构为居民提供有针对性的服务，这已经形成了有针对性公共服务的基础，因此可以在此基础上总结经验，并结合所在社区分类，从城镇社区、混合型社区与农村社区的主要特征着手，改进公共服务提供模式，提升社区福利服务的提供效率。

综上，这两方面的实现需要以充分了解居民需求、实现社区居委会与居民群体的有效沟通为前提，明确以兼顾公平与效率作为社区福利服务发展的基本理念，以此为基本准则引导多元主体参与其中。

第二节 社区福利服务整合的前提：明确多元主体责任

在明确发展理念的基础上，社区福利服务的实现还需要以明确多元主体责任为前提，界定政府部门、社区组织、居民与志愿组织的角色，由此推动构建主体之间的协作机制。这需要对其中的参与主体进行责任的重新界定与针对当前主体互动机制进行调整。

第一，政府部门需要进行职能转变与对社区赋权，为社区内其他主体的参与以及作用发挥提供共同体生长的制度环境。大多数学者认为培育和发展社会组织是社区共同体产生的有效途径。为此，如何营造良好的制度环境以利于社会组织的生长是政府必须面对的问题。佛山市应当从制度和体制创新入手，通过政府转变职能与赋权，理顺基层政府与社区的关系，为共同体生长提供合法性的制度环境。在此基础上，需要创新社区的组织格局，由政府主导培育多元化的治理参与主体。对此，政府必须从主导型的政府转变为"能助型"的政府，改变政府管理就是控制的观念，树立服务是政府管理的观念，通过服务引领管理和治理，把政府服务的过程变为社区居民参与的过程。而由基层政府主导社区事务向社区自治组织为基础的社区参与公共事务的转换，是一个由量变到质变的过程，培育多元地方治理主体是前提和关键，可以由政府部门调整与社区组织的双向沟通机制，实现与社区组织对公共事务的协同治理，并与社区组织合作共同培育社区内提供福利服务的社会组织，提升所递送服务的专业性。在佛山市的样本中，这主要需要区级政府主导，依据各区实际，选取部分具备发展基础的社区作为试点，创新政府部门与社区的沟通模式，如可以借助信息化手段搭建互动平台，通过信息的及时传递减少主体之间的信息不对称，为政府对社区赋权提供基础。

第二，社区居委会具有履行对居民特定义务的合法性，因此应当积极承接政府部门转变职能后赋予的权限，并对居民与志愿组织承担起统筹者的角色，整合社区可用的福利服务资源。当前，社区居委会的福利与服务职能为基层管理体制改革创造了一个相对稳定的环境，而这是以居委会的有效管理为保障的，履行了某种程度上的社会控制功能。然而，这与所倡导的社会治理的发展理念有所差异，社区居委会作为基层群众自治组织应当以实现居民的服务为最重要功能，这就需要社区居委会实现角色的转变，充分发挥扎根基层与了解基层的优势，发展成为能够有效地动员社区力量开展社区服务的平台，推动发展社区福利服务业和便民利民服务业。

第三，居民参与是社区共同体构建的前提条件，而居民的角色应当是积极配合社区发展的参与者，为所在社区的建设贡献力量。虽然目前居民表达的途径与渠道受到限制，影响了居民参与社区发展的积极性。然而，居民参与意识的缺乏也是影响他们发挥作用的主要原因之一。实际上，不同居民群体对社区事务的选择性参与主要是基于不同的需求，也要考虑自身可能的社会资源与行动能力。因此，动员居民配合社区发展并不意味着所有居民的无差别参与，而是鼓励居民选择参与和自身更为密切相关的社区事务，这也需要以便捷的参与途径的开辟为保障。在佛山市的样本中，尤其在城市社区已经建立了不少居民的微信群等沟通平台，并有社区居委会加入了解并收集居民需求，这能够实现以信息化畅通居民与社区组织之间的沟通。

第四，志愿组织包括邻里组织、提供服务的非营利组织与自助或互助团体等。志愿组织参与社区建设符合福利多元主义的制度框架。有学者认为，在多元主体之间的合作治理体系中，主体之间存在相互依存关系，治理实际上是政府部门、私人部门、志愿者组织和社区彼此关系的变化，而志愿组织在西方国家的社区建设中一直承担着重要的角色，作为社会力量有效补充到公共领域的公共服务递送过程中。因此，志愿组织应该是在承接政府部门监管职能的前提下、社区居委会统筹的基础上面向居民开展社区活动与提供社区福利服务，其应当成为有效补充政府部门与社区组织的参与主体。在佛山市的案例中，正如我国志愿组织的总体探索一样，它们发展的历程相对较短，也主要依附于地区与社区内的资源，发育的基础受到一定程度的限制，因此整体发展依然停留在初级阶段，这使得志愿组织作用的发挥受到影响。然而，志愿组织的责任划分较为宽泛，应当在由社区居委会主导统筹的社区福利服务实践中逐步完善与补充。

第三节 社区福利服务整合的关键：利益相关者协同参与

在厘清社区福利服务整合的前提基础上，需要对确定的理念具体化为探索的具体政策，即通过划定主体责任构建利益相关者协同参与系统，分别履行监管者、统筹者、参与者与执行者等不同的角色，不同主体跨越彼此边界以实现共同目标，推动社区共同体的有效建设。

实际上，利益相关者协同参与的实现需要具备特定条件。一方面，对于协同参与体系的构建，需要注意主体协同参与的权威来源。已有研究把协同治理的权威总结为权力、资源和合法性。一方面,权力来自委托或强制,但是必须受到社会的认可;而权力能够通过协商加以变更,并对行为失范的参与者加以制裁。资源包含有形和无形两种形态,有形资源如资金、人力和技术等,无形资源如知识、文化和能力等。合法性则是指组织在公共领域就某个事项发表意见的能力。对此,需要讨论政府部门、社区居委会、居民与志愿组织分别应当具有的权威来源。另一方面,除了划定责任,还需要探讨其中的驱动和维系因素,即在构建利益相关者协同参与机制的基础上加以维系。这通常概括为外部环境、关键诱因、共同的动机、权力和资源的相对不平衡性、各协同主体之间的相互依赖性、领导力水平和联合行动能力等,并视乎不同的行动者有差异化的呈现。因而,在社区福利服务的实践中也需要考虑相关因素提出利益相关者的协同参与机制构建。

在佛山市的样本中,结合利益相关者实现协同参与社区福利服务实践的情况(见表7-1),需要基于不同主体协同参与的行为类型与权威来源进行有针对性的引导。

表7-1 多元主体协同参与社区福利服务的情况

	政府部门	社区组织	居民	志愿组织
主体构成	市、区、镇街级政府	社区居委会	居住在社区内的居民	邻里组织、提供服务的非营利组织与自助或互助团体等
角色划定	监管者	统筹者	参与者	执行者
行为类型	出台政策指引;过程监管	整合社区资源;综合协调	多渠道参与社区公共事务	协助社区组织提供服务
权威来源	权力与合法性	合法性与资源	合法性	资源
协同条件	合法性需要	组织使命	服务需要	资源需要

对于政府部门,其参与的最主要动机是基于合法性的需要,即履行通过政府(尤其是基层政府)对于社区与居民的管理功能,获得居民的信任

第七章
社区福利服务整合的实现路径：基于佛山市样本的分析

与认可。而政府的性质也决定了其权威来源是权力与合法性，而社区福利服务本质上属于基本公共服务提供，作为政府部门获得了公众的认可，并具有获取利益的能力和资源，能够占有特定的社会资源并加以运用，这决定了政府部门能够在基本公共服务提供的过程中起到绝对的主导作用。然而，具备能力并不意味着应当由其长期发挥相应作用。随着以多元主体参与为主要特征的治理逐渐成为公共管理领域应用的主流，政府部门过往所发挥的主导者的角色应该逐渐赋权到社区层面的主体，并尝试以社区为单位创新发展机制。对此，在政府部门参与行为的转变过程中，其关注的核心应当是发挥社区与社会的力量，激活其他主体参与的积极性，通过监管社区组织行为的合法性与合理性把握社区福利服务的探索方向，引导不同社区的创新形成基层治理的新格局。

对于社区组织，其参与的主要动机是源于组织使命，主要体现为社区居委会作为居民自我管理、自我教育、自我服务的基层群众性自治组织，其存在的根本原因是满足居民生活的需要，其中的主要方式之一提供社区福利服务。在以往的实践中，社区居委会更多地具有"管理"色彩，而相对忽视公共服务。随着政府部门的放权与社会力量的蓬勃发展，社区居委会也应当在协同参与机制中逐步转型，成为基于社区层面的资源整合系统的主要角色，并充分协调其他利益相关者的参与。

对于居民，他们参与本社区的福利服务具有合法性。其中，居民又可以分为社区内具有户籍的本地居民以及流入到社区的新市民群体，由于他们对公共服务的享有与需求存在差异，在公共事务的参与上也呈现不同特征。总体而言，居民参与公共事务的根本原因是自身存在的需要，即目前能够提供的基本公共服务难以满足需求，主要分为自身需求没有得到充分表达与社区当前的已有资源难以满足自身需求两种情况，这需要通过居民群体参与意识的提升与自身主动的表达来实现，并由社区组织在整合资源后提升社区福利服务资源的配置效率。

对于志愿组织，它们参与社区福利服务的动机是资源导向，即政府部门和社区组织提供资源，与志愿组织构建了合作，应当由志愿组织面向居民群体递送更为专业的社会服务，并保障基本公共服务递送质量。志愿组织通常由社区组织引入，它们相对于社区组织具有的优势体现在人力与物力等方面，对于社区福利服务的发展也更具有针对性，能够以特定的领域为切口满足居民需要，有效分担了社区组织所负荷的职能。在协同参与社区福利服务的过程中，志愿组织应当负责协助社区开展服务，即由政府部门主导，与社区组织协作，实现公私部门建立伙伴协同关系，即由社区制定概括性的探索方向并提供一定资源，由志愿组织基于社区实际情况与居民需求进行行动方案的细化，并把具体的策略在社区落地。

第四节　社区福利服务整合的平台：依托社区构建资源配置系统

在协调利益相关者参与的基础上，社区福利服务还需要通过特定平台整合资源，这就需要构建社区共同体。其中，在佛山市的样本中，社区共同体的探索可以分为三个方面，使得社区能够建成资源配置系统，最终实现引导社区居民能够依托社区平台参与社区公共事务。

第一，需要搭建共同体生长的物理空间。一方面，由于居民们通常忙碌于工作，对于所居住的社区事务参与往往有心无力，这也使得邻里之间并没有建立起亲密关系，依托和谐邻里关系发展的自助与互助群体的发展也受到限制。另一方面，城市建设的快速发展使得社区内的公共空间受到了一定程度的破坏，社区内居民集体行动能力低下。因此，建设社区公共空间，促进社区居民交往对于社区共同体的形成与发展尤为重要。合理规划的公共空间可以吸引人们走出房间，进行社区交往，有效地增强人们的归属感，减少孤独和不信任感；同时，充足而良好的公共空间为不同阶层的人们共有和共享，促进社区居民的相互认识和人际交往。正因为这样，政府积极建立和不断完善社区活动中心、户外广场、健身公园等场所的各种科教文体设施，使其成为社区民众日常活动和休憩的场所，为有差异的社会个体提供相互了解、交流和融合的机会。

第二，需要建设社会组织孵化基地，推动社会组织发展。生活在社区"原子"状态的居民们由于缺乏组织能力，难以自我管理及自我服务，也难以运用公民权利表达和实现其利益诉求，培养社区成员自我组织能力成为社区发展的关键，这正需要社区居委会承担对应职能补充这方面的不足。为此，应当由政府部门主导建设社会组织孵化基地，可以结合社区实际，通过设立专项基金、提供专门基地和构建运作机制等模式，发展专业社工并引入到社区中，推动社会组织在社区建设中的作用。

第三，需要搭建志愿服务平台，建立志愿服务基地。这需要通过引导社区公共话题的形成，鼓励社区居民走出私人领域，共同关注社区问题并开展讨论与付诸行动，构建起居民之间的融洽邻里关系，增强社区凝聚力，促进社区共同体的形成。在佛山市的样本中，已经有不少社区针对青年大学生、全职家庭主妇与低龄退休老人发展志愿者平台，并通过引导他们服务本地社区居民增强双方对社区的归属感与认同感，并以个体的作用辐射至对应的家庭，实现志愿服务影响范围的逐步扩大，鼓励和动员更多的居民主动走出私人领域参与社区公共事务，为社区发展贡献更多力量。

第五节 小 结

基于佛山市的样本，涉及基层自治与基本公共服务提供等方面的社区福利服务实现路径与四个要素相关，即理念、前提、关键与平台。在明确兼顾公平与效率的发展理念基础上，以划分参与主体的责任为前提，并构建不同利益相关者的协同参与体系，引导它们在社区层面上实现资源的整合与服务的递送。由此，社区福利服务的实现环环紧扣，最终落脚于主体多元的理论框架下，实现多元主体协作与资源整合，推动社区共同体的发展，切实满足社区居民的需要。

第八章
总结与讨论

第一节 全书总结

本书聚焦社区福利服务，并以在全国范围内具有一定代表性和典型性的佛山市为样本进行有针对性的讨论。总体而言，社区福利服务的研究重点是参与主体的多元化，即在原有政府主导的基础上引入志愿组织，与社区组织和居民群体共同构成监管者、统筹者、参与者和执行者的多元体系。实际上，我国发展社区福利服务具有鲜明的特色，尤其是在与美国的对比中可以总结得出社区福利服务发展的中西方路径，主要差异则体现在志愿组织作为社区福利服务中的重要构成行动者的发展程度与参与差异上。我国的志愿组织发展时间尚短，发展水平具有一定的提升空间，在发展规模和专业化程度等维度与西方国家存在差异，这也影响了它们参与社区福利服务的发展过程。对此，在对我国社区福利服务发展的讨论中，则需要主要关注志愿组织的参与情况，划定其在社区福利服务的不同领域的具体实践。

本书结合佛山市样本的已有研究，主要梳理出社区福利服务中的基层治理与公共服务提供两个方面。

（1）在基层治理方面，佛山市样本中较为具有代表性的探索是"村改居""文明村"与社区治理。其中，"村改居"改革是城市化进程中社区治理的关键探索。但是，由于依然存在观念相对落后、社区自治具有复杂性等挑战，佛山市"村改居"的进一步推进受到了一定的限制。因此，对于"村改居"改革的深化，应当由政府部门承担起主导角色，在制度层面实现突破,并联合社区与居民等主体参与,共同推进社区的发展。在此基础上,"文明村"是佛山市村居发展中的一项尝试,主要是政府部门联动社区组织,为村居发展设计一套系统的发展体系。然而,由于目前佛山市社区组织发展的自主性相对不足,主要是执行政府部门的相关规定,且居民参与意识相对薄弱,志愿组织更无从参与社区发展,这使得社区的实际发展与社区治理的多元体系存在较大的发展差距。因此,对于社区发展的探索并非仅在政策层面实现了社区性质的转变,而应当从治理形态与公共服务供给等方面都进行转型,尤其是注重培育社区中的"居民",这需要社区组织的配合以及对志愿组织的引入和发展,逐渐形成政府、社区组织、居民与志愿组织的多元主体参与格局。

相对地,社区治理则是基层治理的另一番探索,佛山市的南海区大沥镇采取了网格化治理的形式,划定社区内不同的网格区域,并设立网格长、派单员与巡查员等不同的岗位,及时且便捷地收集居民诉求并把相关情况落到实处,畅通居民与社区之间的沟通渠道,为居民意识的培育以及他们对社区福利服务的表达提供基础。然而,在实践中,依然出现了"网格化管理"的倾向,即由于社区庞大的工作量与有限人手之间的矛盾,社区居委会需要面临繁多且碎片化的工作任务,加之社区组织服务意识依然处于不断发展过程中,这使得网格化在实际应用中还没有有效实现多元主体协作治理。对此,为充分发挥社区治理对社区福利服务发展提供的基础作用,应当在网格化治理的探索中有效整合多方资源,厘清主体的权限并引导主体参与到社区发展的进程中。

(2)社区福利服务的发展理念应当兼顾公平与效率,在公共服务提供方面,佛山市样本中的主要实践包括对新市民群体的公共服务提供以及居民社区参与。异地务工人员是城市发展的重要贡献力量之一,然而,由于城市公共服务主要以居民身份为界限,因此他们对公共服务的享有受到了较大的限制。而社区福利服务的发展同样不仅要面向本地居民,还需要把群体日益壮大的新市民群体纳入服务递送的范围。对于佛山市样本的讨论,可以总结出异地务工人员主要关心子女教育、医疗和住房等基本公共服务,而这些都需要以政府部门为主导。在此过程中,社区福利服务也可以承担部分功能,在基本公共服务的基础上提供更为丰富的服务类型,如借助于专业的志愿组织为新市民的融入提供支持,为他们意见与诉求的表达提供指引和链接资源,使得新市民群体能够在城市发展的过程中共享发展成果，以社区福利服务的提供作为提升他们在城市的生活质量与归属感的重要途径。

社区参与作为衡量居民参与社区发展的主要方面，也是社区福利服务发展的讨论要点之一。狮山镇作为在全国范围内多项指标领跑的镇街，在研究社区福利服务层面具有较强的代表性，其所面临的问题也更为多样和突出。在第五章的讨论中，可以总结出，狮山镇近年来不断探索培育社区内组织与引导居民参与社区事务，政府主导的单一局面已经被打破，已经逐渐培育出邻里之家等社区内的组织服务于居民，但实际上多元主体参与的格局还在不断发展中，对社区福利服务的补充还有待进一步开展。

总结佛山市在基层治理与公共服务提供两个方面的实践，本书在第六章总结了社区福利服务实践的困境以及其中的原因。总体而言，在社区福利服务的实践中，其核心理应是参与主体多元化，然而目前依然以政府为主导，其他主体缺乏参与的途径；或是参与的意识还不强烈，对于社区福利服务的参与实际上还处于缺位状态，这使得社区福利服务的整体发展程度较低，社区所能够提供的偏向于管理而并非为居民服务的治理，社区内多元主体的资源也还没有整合，难以为社区内具体提供切实满足需求的服务。对此，存在社区福利服务探索困境的原因则可以从主体参与的角度切入，即主体主观上缺乏参与的意愿，客观上缺乏参与的途径与资源，难以在社区福利服务发展的过程中与政府部门构成有机协作主体。

基于对佛山市样本的案例讨论，本书结合所构建的多元主体参与的理论框架，总结出了社区福利服务整合的实现路径，并从理念、前提、关键和平台四个维度进行论述，构建了实现多元主体参与社区福利服务的系统。也就是社区福利服务的发展，需要首先明确兼顾公平与效率的发展理念，界定参与实践的多元主体，并划分对应的功能角色并以此整合多方资源，构建协同参与体系，最终建成能够满足居民需要的社区福利服务体系。

总而言之，本书结合佛山样本，对社区福利服务进行了系统的梳理，并就社区福利服务的现状、问题以及原因展开论述，最终基于佛山市的案例分析得出社区服务体系的构建路径，尝试为我国社区福利服务的发展提供成果借鉴。

第二节 延伸讨论

　　基于前文讨论，可以总结得出，虽然目前佛山市内不同层级都在探索发展社区福利服务并取得了一定成效，但其实际上还存在较大的探索空间。在发展的过程中，除了需要注重发展的理念与发展的前提等方面外，还需要回归到社区服务的本质特征——福利性，结合福利性剖析社区福利服务发展过程中应当面对的问题和把握的方向，并在此基础上，在应用的过程中注重落地的本土化，使社区福利服务能够适应本地社会经济发展的实际情况，并切合居民的实际需求。

　　一方面，是对于社区福利服务的"福利性"讨论。正如本书所界定，"社区福利服务"是指"在社区空间内由不同福利主体所提供的福利总和"，因此对于社区福利服务的"福利性"讨论应当更为聚焦所发展的福利的具体内涵。而在我国的语境下，"社会福利"与"社会保障"经常在讨论中被混淆，因此对于社会福利服务福利性的讨论首先需要明确其与社会保障制度的差异。对于社会保障，有学者指出，虽然各地在社会保障的对象上或普遍或特殊，覆盖的范围也存在差异，但其在社会发展过程中起到了重要的"安全网"作用。社会保障既是一种制度安排和政策体系，也是一个特殊的专业领域，运用经济、法律和行政手段，解决社会问题，实现政治目标（童星，2006）。相对地，"福利"概念则理应是在社会保障制度的基础上的拓展，含义更为广泛，进一步强调"福利性"，延伸为实现人们良好生活状态的措施，可以理解为是对社会保障发展的进阶要求。此外，社区福利是社会福利在社区中的体现，强调了对接收对象提供服务的场域，并把满足社区内居民需要的发展目标贯穿到发展社区福利服务的总体过程中。其中，笔者认为，社区福利服务在提供的过程中不但应该以社区内居民的良好生活状态为发展的基本目标，还需要结合社区的实际情况，重点瞄准其中的弱势人群，优先满足对社区服务资源需求更为迫切的群体，并逐步到覆盖社区的所有居民，即以公平与效率为基本准则，并在社区内的特定整合平台上整合多方主体的资源并加以调配，提高资源的配置效率使得社区内的福利服务能够更大程度上满足居民群体需要。

　　除此以外，对于社区福利服务的讨论还可以借鉴对社会福利的分类标准。研究制度主义的学者认为，对于社会福利制度的讨论还可以分为普遍性的社会福利制度与选择性的社会福利制度（彭华民，2006），其中，具有普遍性的社会福利以满足需要为原则。相对地，这也能够与社区福利服务中的分类相符，也就是社区福利服务也可以分为以所有社区内居民的需要为发展基点的普遍性社区福利服务与瞄准部分居民且设有已有标准的选择性社区福利服务。而结合佛山市的样本，可以看出在目前整体的社区福利服务发展程度还存在较大发展空间的现状下，大多数的探索还没有划分普遍性与选择性，或是其实际上并没有清晰的瞄准人群，这有可能会造成社区福利服务资源的错位配置，影响社区福利服务的提供效率。对此，在发展社区福利服务的过程中，可以通过划定社区内服务人群，并以该群体的差异性社会需要为发展目标，再确定应当发展的社区福利服务内容与相应的覆盖范围，提升社区福利服务资源配置效率，在践行"福利性"的同时优化服务提供的情况。其中，这需要结合社区的实际情况展开讨论，也就同样需要重视"本土化"的特征。

另一方面，是对于社区福利服务的"本土化"讨论。实际上，"本土化"应当包括两个维度的讨论，即西方国家对于社区福利服务在我国的本土化，以及社区福利服务需要结合落地社区的实际情况本土化。

第一，社区福利服务的发展需要考虑我国的特殊性。由于我国社会福利制度经历了从家庭保障为主的传统保障制度到计划经济时代的单位保障制度，后来在计划经济转向市场经济的过程中，"社区"成为基层的主要管理单位，这使得以社区为单位的新型社会福利服务逐渐产生，这也与我国社会的总体发展脉络相匹配。然而，虽然我国社区福利服务模式已经发生了转变，但是它在我国的落地依然带有过往的社会福利模式中的特点。首先，相对于西方国家，我国受到强调孝道的传统文化影响，"家庭"在个体的生活中具有重要的功能，也往往在社区福利服务中依然带有浓厚的家庭色彩，这也使得社区福利服务在提供过程中需要分开考虑居民个人与家庭的对应需求与参与其中各自的作用，并在整体的社区福利服务发展过程中考虑与传统文化价值的协调。其次，与国外社区不同，我国更为强调共同生活区域内邻里之间的联系，尤其是农村社区，还保留着宗族之间的密切来往，社区内部居民之间的联系与彼此之间提供的生活支持与协助具有源远流长的历史渊源，它们也成为社区福利服务提供过程中的影响因素，可以把居民之间的和谐关系应用到社区福利服务的提供过程中，联结更多居民关注社区事务，并配合社区福利服务的开展。再次，在西方国家，社区福利服务发展时间较长，由政府部门、社区组织、居民与志愿组织四个主体构成的福利框架较为完善，尤其是志愿组织发挥的作用越来越突出，形成对原有福利三角的有效补充。然而，由于我国志愿组织的整体发展历程相对较短，现有的作用发挥较为有限，因此在目前的社区福利服务发展过程中，以政府部门为主导，这意味着需要我国在今后的发展中注重培育志愿组织，在营造良好的发展环境的基础上，引导更多社会力量参与社区福利提供，为多元主体参与的社区福利服务提供模式提供有效的支撑力量。最后，与西方国家相比，由于社区福利服务在我国的发展还不完善，居民对社区福利服务的使用意识尚未明确建立，对社区福利服务的总体利用较少，且由于他们对社区福利概念的不明确，也有可能在今后的发展中对社区福利服务的使用存在依赖，这都会影响社区福利服务在我国的实际发展，因而需要在我国的发展中兼顾社区福利服务的供给发展与对居民参与的有效引导。由此，结合各方面的差异性，社区福利服务在我国的探索需要嵌套在我国整体的经济社会发展过程中，并不能照搬西方国家的经验，而需要基于实际情况探索适合我国发展的多元主体参与的社区福利服务模式。

第二，社区福利服务的发展也需要考虑所在社区的实际情况。虽然目前我国关于社区类型还没有进行标准化划分，但是也可以大致分为农村社区、混合社区、新城镇社区等多种类型，而社区的差异化特点也意味着社区福利服务的发展具有不一样的土壤与发展现状，居民的需求也有不同的特点。例如，农村社区由于形成原因往往具有更为紧密的宗族网络，这对它们自身社区福利服务提供了可调动力量，但相对地，农村社区的社区公共设施相对不完善，因此对某些特定社区福利服务的提供也有一定的障碍。而新城镇社区虽然可能具有更为完备的硬件设施，但邻里之间的交往可能相对不足，对于社区福利服务的提供而言较为缺乏可以调动的力量，需要更为专业的志愿组织介入，调动居民的积极性，充分整合社区资源完善社区福利服务的供给体系。因此，不同社区类型具有的差异化特征对社区福利服务发展提出了要求。

除了社区类型的差异，对于社区福利服务的讨论还需要讨论地区之间发展程度的不同，这其中包括地区的社会经济发展程度以及自身社区福利服务探索基础等客观条件，还需要将所在地区对社区福利服务发展的重视程度以及相关主体的参与意愿等进行分类讨论，有针对性地推出发展策略。由此，基于地区差异，可以由不同发展水平的社区构成整体发展体系，由市或区一级政府统筹，结合当地实际规划递进式的发展布局，在盘点与整合社区资源的基础上选择发展水平较好的社区进行试点探索，并总结经验形成示范效应，为发展情况较差的社区提供发展指引，指引它们在结合自身实际的基础上应用社区福利服务的相应经验，进而提高资源的利用效率。

综上，对于社区福利服务的讨论，需要重视服务自身的福利特性，在服务人群划分与服务内容设定等方面需要始终围绕社区福利服务的特质。在此基础上，社区福利服务对居民需求的满足还需要结合本地实际，在社区福利服务提供的过程中体现本土化的特征。

参考文献

[1] 阿玛蒂亚·森. 以自由看待发展 [M]. 任赜, 于真, 译. 北京: 中国人民大学出版社, 2002.

[2] 阿马蒂亚·森. 贫困与饥荒: 论权利与剥夺 [M]. 王文玉, 译. 北京: 商务印书馆, 2001.

[3] 阿马蒂亚·森. 饥饿与公共行为 [M]. 苏雷, 译. 北京: 社会科学文献出版社, 2006.

[4] 阿瑟·刘易斯. 劳动无限供给条件下的经济发展 [M]//外国经济学说研究会. 现代国外经济学论文选: 第八辑. 北京: 商务印书馆, 1984.

[5] 齐格蒙特·鲍曼. 共同体 [M]. 欧阳景根, 译. 南京: 江苏人民出版社, 2003.

[6] 陈美萍. 共同体 (Community): 一个社会学话语的演变 [J]. 南通大学学报 (社会科学版), 2009 (1).

[7] 陈伟东, 李雪萍. 社区治理与公民社会的发育 [J]. 华中师范大学学报 (人文社会科学版), 2003 (1).

[8] 陈雅丽. 国外社区服务相关研究综述 [J]. 云南行政学院学报, 2007 (4).

[9] 陈雅丽. 城市社区服务供给体系及问题解析: 以福利多元主义理论为视角 [J]. 理论导刊, 2010 (2).

[10] 陈振明. 公共管理学 [M]. 北京: 中国人民大学出版社, 2005.

[11] 程玉申, 周敏. 国外有关城市社区的研究述评 [J]. 社会学研究, 1998 (4).

[12] Detlev Ipsen, 罗文文. 通过城市化阅读珠三角未来 [J]. 珠江经济,

2007 (1).

[13] 斐迪南·滕尼斯. 共同体与社会 [M]. 林荣远, 译. 北京: 商务印书馆, 1999.

[14] 费孝通. 居民自治: 中国城市社区建设的新目标 [J]. 江海学刊, 2002 (3).

[15] 冯钢. 整合与链合: 法人团体在当代社区发展中的地位 [J]. 社会学研究, 2002 (4).

[16] 关信平, 张丹. 论我国社区服务的福利性及其资源调动途径 [J]. 中国社会工作, 1997 (6).

[17] 关信平. 公共性、福利性服务与我国城市社区建设 [J]. 东南学术, 2002 (6).

[18] 郭安. 关于社区服务的涵义、功能和现有问题及对策 [J]. 中国劳动关系学院学报, 2011 (2).

[19] 何海兵. 我国城市基层社会管理体制的变迁: 从单位制、街居制到社区制 [J]. 管理世界, 2003 (6).

[20] 贺雪峰, 仝志辉. 论村庄社会关联: 兼论村庄秩序的社会基础 [J]. 中国社会科学, 2002 (3).

[21] 华伟. 单位制向社区制的回归: 中国城市基层管理体制50年变迁 [J]. 战略与管理, 2000 (1).

[22] 黄平, 王晓毅. 公共性的重建: 社区建设的实践与思考 [M]. 北京: 社会科学文献出版社, 2011.

[23] 黄祖辉, 汪晖. 非公共利益性质的征地行为与土地发展权补偿 [J]. 经济研究, 2002 (2).

[24] 江立华. 论我国城市社区福利的建设及运作机制 [J]. 江汉论坛, 2003 (10).

[25] 姜振华, 胡鸿保. 社区概念发展的历程 [J]. 中国青年政治学院学报, 2002 (4).

[26] 景天魁. 创新福利模式优化社会管理 [J]. 社会学研究, 2012 (4).

[27] 克莱尔·库珀·马库斯, 卡罗琳·弗朗西斯. 人性场所: 城市开放空间设计导则: 第2版 [M]. 俞孔坚, 孙鹏, 王志芳等, 译. 北京: 中国建筑工业出版社, 2001.

[28] 雷洁琼. 转型中的城市基层社区组织：北京市基层社区组织与社区发展研究 [M]. 北京：北京大学出版社，2001.

[29] 李友梅. 社区治理：公民社会的微观基础 [J]. 社会，2007 (2).

[30] 李友梅，肖瑛，黄晓春. 当代中国社会建设的公共性困境及其超越 [J]. 中国社会科学，2012 (4).

[31] 林闽钢. 福利多元主义的兴起及其政策实践 [J]. 社会，2002 (7).

[32] 林闽钢，王章佩. 福利多元化视野中的非营利组织研究 [J]. 社会科学研究，2001 (6).

[33] 林万龙. 乡村社区公共产品的制度外筹资：历史、现状及改革 [J]. 中国农村经济，2002 (7).

[34] 刘继同. 社会福利制度战略升级与构建中国特色福利社会 [J]. 东岳论丛，2009 (1).

[35] 刘继同. 国家话语与社区实践：中国城市社区建设目标解读 [J]. 社会科学研究，2003 (3).

[36] 罗伯特·B. 丹哈特，珍妮特·V. 丹哈特，刘俊生，等. 新公共服务：服务而非掌舵 [J]. 中国行政管理，2002 (10).

[37] 罗红光. "家庭福利"文化与中国福利制度建设 [J]. 社会学研究，2013 (3).

[38] 缪晨刚，黄志良. 珠三角城郊失地农民生存发展状况调查与对策研究 [J]. 安徽农业科学，2008 (15).

[39] 彭华民，黄叶青. 福利多元主义：福利提供从国家到多元部门的转型 [J]. 南开学报，2006 (06).

[40] 彭华民. 福利三角：一个社会政策分析的范式 [J]. 社会学研究，2006 (4).

[41] 尚晓援. 从国家福利到多元福利：南京市和兰州市社会福利服务的案例研究 [J]. 清华大学学报（哲学社会科学版），2001 (4).

[42] 沈洁. 福利非营利组织在社区福利供给中的作用：以日本社区福利为例 [J]. 华中科技大学学报（社会科学版），2004 (2).

[43] 沈洁. 从国际经验透视中国社区福利发展的课题 [J]. 社会保障研究，2007 (1).

[44] 孙立平. 社区、社会资本与社区发育 [J]. 学海，2001 (4).

[45] 唐忠新. 中国城市社区服务的涵义和主要特征 [J]. 理论与现代化, 2004 (2).

[46] 田北海. 社会福利社会化的困境与出路 [J]. 学习与实践, 2008 (6).

[47] 田北海, 钟涨宝. 社会福利社会化的价值理念: 福利多元主义的一个四维分析框架 [J]. 探索与争鸣, 2009 (8).

[48] 田毅鹏. 东亚"新公共性"的构建及其限制: 以中日两国为中心 [J]. 吉林大学学报, 2005 (6).

[49] 仝利民. 社区照顾: 西方国家老年福利服务的选择 [J]. 华东理工大学学报（社会科学版）, 2004 (4).

[50] 王乐夫, 李珍刚. 论中国政府职能社会化的基本趋向 [J]. 学术研究, 2002 (11).

[51] 王铭铭. 小地方与大社会: 中国社会的社区观察 [J]. 社会学研究, 1997 (1).

[52] 王思斌. 体制改革中的城市社区建设的理论分析 [J]. 北京大学学报（哲学社会科学版）, 2000 (5).

[53] 王思斌. 我国城市社区福利服务的弱可获得性及其发展 [J]. 吉林大学社会科学学报, 2009 (1).

[54] 王小章. 何谓社区与社区何为 [J]. 浙江学刊, 2002 (2).

[55] 王燕锋. 去机构化的多元服务: 英国城市社区治理现状与经验 [J]. 浙江学刊, 2008 (5).

[56] 王颖. 社区与公民社会 [M] //李培林, 李强, 马戎. 社会学与中国社会. 北京: 社会科学文献出版社, 2008.

[57] 王颖. 新集体主义与泛家族制度: 从南海看中国乡村社会基本单元的重构 [J]. 战略与管理, 1994 (1).

[58] 王伟同. 城市化进程与城乡基本公共服务均等化 [J]. 财贸经济, 2009 (2).

[59] 魏娜. 我国城市社区治理模式: 发展演变与制度创新 [J]. 中国人民大学学报, 2003 (1).

[60] 夏建中. 治理理论的特点与社区治理研究 [J]. 黑龙江社会科学, 2010 (2).

[61] 夏学銮. 中国社区建设的理论架构探讨 [J]. 北京大学学报（哲学

社会科学版),2002(1).

[62] 项继权. 中国农村社区及共同体的转型与重建 [J]. 华中师范大学学报(人文社会科学版),2009,48(3).

[63] 肖林."'社区'研究"与"社区研究":近年来我国城市社区研究述评 [J]. 社会学研究,2011(4).

[64] 谢守红,谢双喜. 国外城市社区管理模式的比较与借鉴 [J]. 社会科学家,2004(1).

[65] 徐道稳. 城市社区服务反思 [J]. 城市问题,2001(4).

[66] 许美翠,朱新华,朱渝铖. 和谐社会视角下的失地农民再就业问题研究 [J]. 农村经济,2007(6).

[67] 徐英姿,石坚. 珠三角人力资源状况及其文化产业竞争力研究 [J]. 现代商贸工业,2008(9).

[68] 徐勇. 论城市社区建设中的社区居民自治 [J]. 华中师范大学学报(人文社会科学版),2001(3).

[69] 燕继荣. 社区治理与社会资本投资:中国社区治理创新的理论解释 [J]. 天津社会科,2010(3).

[70] 杨敏. 公民参与、群众参与与社区参与 [J]. 社会,2005(5).

[71] 杨敏. 作为国家治理单元的社区:对城市社区建设运动过程中居民社区参与和社区认知的个案研究 [J]. 社会学研究,2007(4).

[72] 杨团. 中国的社区化社会保障与非营利组织 [J]. 管理世界,2000(1).

[73] 杨团. 推进社区公共服务的经验研究:导入新制度因素的两种方式 [J]. 管理世界,2001(4).

[74] 野口定. 日本地域福利与中国社区福利的政策与实践 [J]. 社会福利(理论版),2012(6).

[75] 俞可平. 治理理论与中国行政改革笔谈:作为一种新政治分析框架的治理和善治理论 [J]. 新视野,2001(5).

[76] 张秀兰. 用治理的方法构建新型社区福利服务体系 [N]. 中国社会科学报,2013-11-29.

[77] 郑杭生,黄家亮. 当前我国社会管理和社区治理的新趋势 [J]. 甘肃社会科学,2012(6).

[78] 郑杭生,李强. 社会学概论新修 [M]. 北京:中国人民大学出版

社，2013.

[79] 周大鸣. 外来工与"二元社区"：珠江三角洲的考察［J］. 中山大学学报（社会科学版），2000（2）.

[80] 朱健刚. 城市街区的权力变迁：强国家与强社会模式：对一个街区权力结构的分析［J］. 战略与管理，1997（4）.

[81] 安应民，沈德理，张治库，等. 构建均衡发展机制：我国城乡基本公告服务均等化研究［M］. 北京：中国经济出版社，2011.

[82] 布坎南. 民主财政论：财政制度和个人选择［M］. 北京：商务印书馆，2002.

[83] 蔡昉，王美艳. "民工荒"现象的经济学分析：珠江三角洲调查研究［J］. 广东社会科学，2005（2）.

[84] 陈昌盛，蔡跃洲. 中国政府公共服务体制变迁与地区综合评估［M］. 北京：中国社会科学出版社，2007.

[85] 陈振明，丁煜，吴永键，等. 外来人口社会管理与公共服务供给机制的创新：基于厦门市某区调研的分析［J］. 东南学术，2007（6）.

[86] 陈振明，李德国. 基本公共服务的均等化与有效供给：基于福建省的思考［J］. 中国行政管理，2011（1）.

[87] 广东省人民政府. 广东省基本公共服务均等化规划纲要（2009—2020年）：粤府［2009］153号［A］. 2009.

[88] 佛山市南海区慈善会. 佛山市南海区慈善会救助外来务工人员专项基金管理办法［Z］. 2010.

[89] 佛山市南海区人民政府办公室. 佛山市南海区公共租赁住房管理实施细则：南府［2011］203号［A］. 2011.

[90] 佛山市人民政府办公室. 佛山市推进基本公共服务均等化工作方案：佛府办［2010］143号［A］. 2011.

[91] 佛山市人民政府办公室. 政府服务延伸到村居工作指导意见：佛府办［2010］81号［A］. 2010.

[92] 佛山市人民政府办公室. 佛山市基本公共服务均等化发展规划（2010-2020年）：佛府办［2011］77号［A］. 2011.

[93] 佛山市人民政府办公室. 印发关于进一步完善居民住院基本医疗保险制度办法的通知：佛府办［2011］87号［A］. 2011.

[94] 佛山市人民政府办公室. 佛山市人民政府办公室关于印发进一步做

好异地务工人员积分制入户城镇工作意见的通知：佛府办〔2012〕70号〔A〕. 2012.

[95] 佛山市人民政府办公室. 佛山市非户籍常住人口子女入读义务教育公办学校实施办法：佛府办〔2012〕36号〔A〕. 2012.

[96] 佛山市社工委基本公共服务均等化调研组. 新型城镇化背景下佛山基本公共服务均等化路径探析〔R〕. 2013.

[97] 国务院研究室课题组. 中国农民工调研报告〔M〕. 北京：中国言实出版社，2006.

[98] 郝爱华，张一愚，陈岩. 广东省基本公共卫生服务均等化现状调查：以顺德区和云安县为例〔R〕. 2012.

[99] 胡杰成. 农民工市民化研究〔M〕. 北京：知识产权出版社，2012.

[100] 江淋淋. 农民工公共服务歧视性供给现象探究：基于公共服务均等化的视角〔J〕. 四川理工学院学报（社会科学版），2008（5）.

[101] 马海涛，姜爱华，程岚，等. 中国基本公共服务均等化问题研究〔M〕. 北京：经济科学出版社，2011.

[102] 李强. 社会学的"剥夺"理论与我国农民工问题〔J〕. 学术界，2004（4）.

[103] 李强. 中国外出农民工及其汇款之研究〔J〕. 社会学研究，2001（4）.

[104] 李昱，倪明胜. 农民工"融城"心理障碍的消解路径与策略选择：以长沙、株洲、湘潭的访谈记录文本为样本的分析〔J〕. 武汉科技大学学报（社会科学版），2008（5）.

[105] 刘林平. 外来人群体中的关系运用：以深圳"平江村"为个案〔J〕. 中国社会科学，2001（5）.

[106] 刘琼莲，刘志敏. 社会满意度视域的基本公共服务国家标准：关于《国家基本公共服务体系"十二五"规划》的解读〔J〕. 中共天津市委党校学报，2013，15（1）.

[107] 柳叶青. 江门地区新生代农民工基本公共服务均等化问题研究〔D〕. 广州：华南理工大学，2011.

[108] 王毅. 新型城镇化背景下佛山流动人员的服务和管理对策研究课题报告〔R〕. 2013.

[109] 谢建社. 让每一个进入顺德的人都有机会实现梦想：异地务工人员

融入顺德对策及其建议 [R]. 2012.

[110] 徐增阳. 农民工的公共服务获得机制与"同城待遇": 对中山市"积分制"的调查与思考 [J]. 经济社会体制比较, 2011 (5).

[111] 俞可平. 治理和善治: 一种新的政治分析框架 [J]. 南京社会科学, 2001 (9).

[112] 于建嵘. 基本公共服务均等化与农民工问题 [J]. 中国农村观察, 2008 (2).

[113] 李建丽. 外来工群体对政府作为需求的实证研究 [J]. 中国市场, 2006 (40).

[114] 黄健辉, 刘金山. 佛山城乡公共服务均等化的筹资机制研究 [J]. 价格月刊, 2009 (9).

[115] 徐增阳, 翟延涛. 农民工公共服务的现状与意愿: 基于广东省 Z 市调查的分析 [J]. 社会科学研究, 2012 (6).

[116] 中共顺德区委办公室. 顺德区人民政府办公室关于进一步推动异地务工人员更好地融入顺德的工作意见: 顺发 [2013] 12 号 [A]. 2013.

[117] Allen J E. Home safe home: A national "aging in place" movement helps seniors stay where they love to live [N]. Los Angeles Times, 1999 (51).

[118] Allen J L. Group housing for elderly falls into 3 main categories [N]. Chicago Tribune. 1989.

[119] Baugh W E. Introduction to the social services [M]. 5th ed. London: Macmillan Education Ltd, 1987.

[120] Cassel J. Psychosocial processes and "stress": Theoretical formulation [J]. International Journal of Health Services, 1974 (3).

[121] Cassel J. The contribution of the social environment to host resistance: the Fourth Wade Hampton Frost Lecture [J]. American Journal of Epidemiology, 1976 (2)

[122] Harrikari T. Social disorganization and the profile of child welfare: Explaining child welfare activity by the community – level factors [J]. Child Abuse & Neglect, 2014 (10).

[123] Janssen B M, Snoeren M W, Van Regenmortel T, et al. Working to-

wards integrated community care for older people: Empowering organisational features from a professional perspective [J]. Health Policy, 2015 (1).

[124] Johnson N. The welfare state in transition: the theory and practice of welfare pluralism [M]. Amherst: University Massachusetts Press, 1987.

[125] Olsson S. E, et al. Social security in Sweden and other European countries three essays: rapport till expertgruppen för studier ioffentlig ekonomi [M]. Stockholm: Allmänna förlaget, 1993.

[126] Roosma F, van Oorschot W, Gelissen J. The preferred role and perceived performance of the welfare state: European welfare attitudes from a multidimensional perspective [J]. Social Science Research, 2014 (44).

[127] Rose R. Common Goals but Different Roles: The State's Contribution to the Welfare Mix [M]. Oxford: Oxford University Press, 1986.

[128] Titmuss R M. Welfare state and welfare society [J]. Nursing Mirror and Midwives Journal, 1968 (10).

[129] Titmuss R M, Seldon A. Commitment to welfare [J]. Social Policy & Administration, 1968 (3).

[130] Wong L, Poon B. From serving neighbors to recontrolling urban society: the transformation of China's community policy [J]. China Information, 2005 (19).

[131] Wu F. China's changing urban governance in the transition towards a more market – oriented economy [J]. Urban Studies, 2002 (7).

[132] Frederickson H G. Social equity and public administration: origins, developments, and applications: origins, developments, and applications [M]. London; New York: Routledge, 2010.

[133] Zhao Y, Cui S, Yang J, et al. Basic public health services delivered in an urban community: a qualitative study [J]. Public Health, 2011, 1 (125).